Gabriele Werner Jacobs Heimkehr

Seine Grundsätze
soll man nur dann anwenden,
wenn sie nötig sind.
Meist genügt etwas Barmherzigkeit.

ALBERT CAMUS

Gabriele Werner

Jacobs Heimkehr nach dem Gelobten Lande

Über die Arbeit mit Flüchtlingen

Tagebuchaufzeichnungen aus den Jahren 2015 bis 2017

Verlag SchumacherGebler
edition petit

Inhalt

Vorwort

»Die Geschichten Jaakobs füllten einen starken Band: in verschränkter Reihenfolge, vorwegnehmend und zurückgreifend, trug ich sie vor, wunderlich unterhalten von der Neuigkeit des Umganges mit Menschen, die so recht nicht wussten, wer sie waren, oder die es auf eine frömmere, tiefer-genauere Art wußten ...«[1]

THOMAS MANN

Meine Geschichte, die ich erzählen will, beginnt im Sommer des Jahres 2015 auf dem Äußeren Matthäusfriedhof an der Bremer Straße in Dresden.

Es gibt hier kaum noch Gräber, aber große, alte Bäume und stille, grüne Flächen. Der Lärm der verkehrsreichen Bremer Straße dringt hier nicht ein.

Zu jener Zeit befand sich schräg gegenüber des Friedhofs noch das Camp für die Erstaufnahme der Flüchtlinge – Zeltstadt und Zuflucht für Hunderte hier an Land geworfene Menschen aus arabischen Ländern, aus Afrika, aus Albanien und aus dem Magreb.

Hier beginnen meine Aufzeichnungen, die fortzuführen, mir jetzt notwendiger erscheint als zu jeglicher Zeit meines Lebens.

In der Lebensgeschichte des sizilianischen Dichters Giuseppe Tomasi lese ich die folgenden Sätze:

»Ein Tagebuch führen oder in einem bestimmten Alter seine Erinnerungen schreiben, müsste von ›Staats wegen verordnet‹ sein: der Stoff, der sich nach drei, vier Generationen aufgehäuft hätte, würde einen unschätzbaren Wert darstellen: viele psychologische und historische Probleme, die die Menschheit peinigen, würden sich lösen.

Es gibt keine Erinnerungen, mögen sie auch von unbedeutenden Persönlichkeiten geschrieben sein, die nicht gesellschaftliche und geradezu malerische Werte ersten Ranges enthielten.«[2]

GIUSEPPE TOMASI DI LAMPEDUSA

Mein Tagebuch also beginnt am 19. August 2015, genau zu der Zeit, als die Einreisewelle der Geflüchteten das Land überschwemmt.

Seither sind fast zwei Jahre vergangen, und die Ereignisse haben einen solchen Umfang angenommen, dass ich sie schon längst nicht mehr in mein Tagebüchlein, sondern direkt in meinen Laptop übernehme.

Auch wusste ich damals noch weder etwas von YAKOOP, dem Syrer, noch gewann das beziehungsreiche Gemälde von Carl Gottlieb Peschel aus der Galerie der Neuen Meister in Dresden für mich an Bedeutung, das sich mir heute nicht nur als ein Bild aus dem Alten Testament erschließt, sondern schicksalhaft mit einem, für viele Menschen neuen Inhalt gelten kann.

JAKOBS Geschichte, die im 1. Buch Mose geschrieben steht, hatte für mich auch noch einmal und sehr eindrucksvoll in der Romantetralogie von Thomas Manns »Joseph und seine Brüder« ein Gewicht bekommen, nachdem ich sie gelesen hatte.

Die dritte Ebene, die mich bewogen hat, meine Geschichte aufzuschreiben, ist kein Bild und kein Buch, sondern das Leben selbst. Es ist die Geschichte von einem tausende Jahre später geborenen Yakoop aus Syrien, den kennenzulernen ich einem Zufall verdanke, oder vielleicht war es kein Zufall, sondern eher eine Art von Barmherzigkeit.

Natürlich geht es heute nicht mehr um Jakob, Isaaks Sohn. Auch geht es nicht um eine Heimkehr in ein GELOBTES LAND. Vielmehr ist es der viele tausend Jahre alte Zustand des UNTERWEGS-Seins, der Vertreibung, der Flucht, der ANKUNFT, des DA-SEINS auf Zeit in der Fremde, der so viele Menschen in Atem hält, – und womöglich geht es auch irgendwann einmal um eine HEIMKEHR.

Der Schauplatz dieser neuen Geschichte ist eine offene, weiträumige Bühne, auf der die Einwanderer aus vielen Ländern als die Hauptdarsteller agieren. Sie kommen aus AFGHANISTAN, SYRIEN, PAKISTAN, ÄTHIOPIEN, ERITREA, SOMALIA, aus dem IRAK und aus dem IRAN.

Neben ihnen gibt es die nicht unwichtigen Nebenrollen der Helfer, der Haupt- und der Ehrenamtlichen. Es herrscht ein nahezu babylonisches Sprachgewirr, bestehend aus ARABISCH, PERSISCH, FARSI, DARI, PASHTO, URDU, KURDISCH, aus TIGRINA und SOMALI aus dem afrikanischen Sprachraum. Die vielen Namen derer, die zu uns gekommen sind, tauchen in der Geschichte immer wieder auf, dazu kommen neue Namen.

Der Stamm der Helfer und der Lehrenden wechselt im Laufe der Zeit. Aber es gibt einige, die von Anfang an dabei sind. Ich werde sie wie im Theater die MITWIRKENDEN nennen und versuchen, sie im folgenden ein wenig zu charakterisieren.

Vereint sind wir alle unter der Regie des DRESDNER UMWELTZENTRUMS, das sich von Anfang an mit diesem Projekt an die Öffentlichkeit begeben hat.

STEFAN war Leiter des Dresdner Umweltzentrums bis zum Eintritt in sein Rentenalter. Sein Engagement für diese neue Sache bleibt ungebrochen.

PETER ist Fotograf. Durch eigene Reisen ist er mit dem arabischen Raum schon vertrauter. Sein ehrenamtlicher Einsatz an den ABC-Tischen ist einmalig.

GEOFFREY ist ein junger Mann aus Australien, der im Umweltzentrum angestellt ist und in Deutschland eine neue Heimat finden will.

NAJIBULLAH ist der Sohn afghanischer Eltern, die mit ihm und den Geschwistern seit 2015 als Flüchtlinge in Dresden wohnen. Er wird vom Umweltzentrum als ein sogenannter BUFDI (Bundesfreiwilligendienst) beschäftigt.

CLAUDIA vertritt das Umweltzentrum in der Öffentlichkeit mit dem ständigen Kampf um Anerkennung und Fortbestand unseres Projekts.

PEGGY ist Sozialarbeiterin im Kinderschutzbund Johannstadt. Das ist ihr täglicher Job. Wenn es ihre Zeit erlaubt, kommt sie mit hohem Einsatz zum Unterrichten an die »Tische«.

Offen wie die Bühne ist auch die Handlung, sie verändert sich im Laufe der Zeit, so wie Ankommende und Einheimische einem Wandel unterliegen. Unter den Bedingungen der Einwanderung und der ABSCHIEBUNG wechseln Szenarien und Darsteller zwangsläufig.

Wie im Theater muss es auch im Alltag irgendwann eine Pause geben, damit ein nächster Akt folgen kann.

Dieser, mein 1. Akt, soll am 19. August 2017 unterbrochen werden, genau zwei Jahre nach dem Beginn der Handlung.

Aus der Hilfe beim Erlernen der deutschen Sprache ist mittlerweile eine BEGLEITUNG der Angekommenen geworden.

Kapitel 1
Auf dem Äußeren Matthäusfriedhof

> *»Selig sind die Barmherzigen, denn sie werden Barmherzigkeit erlangen.«*[3]
>
> MATTHÄUS 5/7

Mittwoch, 19. August
Es regnet seit Tagen und auch heute, als ich diese unwirtliche Gegend um die Bremer und Hamburger Straße aufsuche und ein gutes Stück laufen muss, ehe ich das alte Friedhofsgelände und die Bremer Straße 18 erreiche.

Die sieben Männer, die zum Unterricht erschienen sind, haben, wie ich höre, bereits feste Unterkünfte und sind zu einem Arbeitseinsatz in Parks und auf Friedhöfen zu gärtnerischer Arbeit eingegliedert. Auf dem alten Friedhofsgelände steht das ehemalige Gemeindehaus, hier ist eine Art Unterrichtsraum eingerichtet.

Die Männer sind zwischen 20 und 30 Jahren und haben in ihrer Heimat einen Beruf gelernt. Außer ein wenig Englisch bei drei von ihnen und Französisch bei den Marokkanern, gibt es keinerlei Sprachkenntnisse. Sie stammen aus Albanien, Tunesien, Marokko und Palästina.

Mein Zögling, neben den ich mich sogleich setze, heißt OMAR und ist Analphabet. Das bedeutet, er kann keinen einzigen Buchstaben lesen oder schreiben, auch seinen Namen nicht. Soviel ich von den anderen hören kann, ist er mit Frau und Kindern in Dresden.

Bei keinem einzigen ist sicher, ob er in Deutschland bleiben kann. Die Asylverfahren dauern drei bis fünf Monate; diese Männer sind erst wenige Wochen hier. Ihre Namen lasse ich sie, einige Wochen später, unter ein kleines Diktat setzen, das ich ihnen aufgebe. Sie heißen: OMAR (den Familiennamen kann er nicht schreiben), LATIF PARDES,

RAYAN BADAR, GEZIM HYKA, SKERDI LAJD, ENIS DALIPAJ, FLORENC KURTI, ISUF GAZNERO, THAMI MARASSE, NABIL FATTACH und RAHAL MOUCHTARI.

Nach 90 Minuten geben mir alle die Hand und sagen »Danke«.

Ich gehe an dem großen Flüchtlingscamp vorbei, es ist fast gegenüber. Seit Wochen leben hier Hunderte in Zelten, bei Regen und Hitze. Es ist mit blickdichten Toren und weiß gestrichenen Bretterwänden undurchsichtig für die Vorübergehenden. Hineingehen dürfen nur die Helfer vom Camp, dazu gehöre ich nicht.

Ich bin ehrenamtlicher Helfer für den Deutschunterricht, vom UMWELTZENTRUM hierher geschickt.

Junge Männer in kleinen Gruppen, alle mit schwarzen Haaren, kommen und gehen mit LIDL-Tüten vom oder zum Einkaufen ein und aus. Vermutlich ist dies die einzige erfreuliche Beschäftigung des Tages.

Dienstag, 25. August

Eine Woche ist vergangen, ich soll nur am Dienstag oder Mittwoch kommen, einmal in der Woche. Wieder ist der Tisch vor der Wandtafel voll besetzt mit Männern im Alter von 18 Jahren der Jüngste, und 55 Jahren der Älteste.

Ich habe Farbschnipsel auf Blätter geklebt und verteile sie, wir wollen die Farben benennen und Beispiele geben. Eine Paprika, eine Gurke, eine Zwiebel und eine Zitrone habe ich mitgebracht, da schreiben sie nicht »gelb« auf ihr Blatt, sondern »Zitrone«. Warum nicht? Sie kaufen ja nicht »gelb« ein, sondern Zitronen.

Als ich erzähle, etwas in Englisch, dass ich in Marokko war, und die Städte aufzähle, da leuchten ihre Augen. Bis zu Tierstimmen von Ziegen, Schafen und Kamelen geht der Anschauungsunterricht, auch wie ein Schwein zu grunzen traue ich mich. Um ihnen zu demonstrieren, dass sie dieses Fleisch nicht essen. Sie lachen und finden mich gar nicht komisch. Draußen auf dem Friedhofsgelände sind unter schattigen Bäumen Tische aufgestellt, daran sitzen jetzt dichtgedrängt viele Bewohner, auch Frauen und Kinder aus dem Camp.

An jedem Tisch sitzt ein deutscher, meist junger Mensch, um mit ihnen zu lernen. Sie sind nicht bestellt, sie sind einfach da.

Sonnabend, 29. August

Das Wort Jesu zum Sonntag in der Kreuzchorvesper lautet: »*Was ihr den geringsten unter euch angetan, oder nicht angetan habt, das habt ihr mir angetan.*«[4] Damit ruft der Pfarrer der Kreuzkirche auf, gegen Fremdenfeindlichkeit aufzutreten. Es ist ja einiges geschehen in den letzten Tagen. Tausende von Flüchtlingen kommen täglich in Deutschland an, seit gestern ungebremst über Ungarn. Grauenerregend sind die Katastrophen, die sich bei illegalen Transporten ereignen. Flüchtlinge ersticken im Bootsraum oder ertrinken beim Kentern der übervollen Boote.

Brandanschläge und Übergriffe auf Asylantenwohnheime häufen sich. In Heidenau bei Dresden zeigt sich bei einer NPD-Demonstration offener Hass, sodass Angela Merkel, dann Sigmar Gabriel herkommen. Politiker winden sich oft mit unzureichenden Worten aus der schwierigen Situation.

Dienstag, 1. September

Mittags – da sitzen sie schon am Tisch und harren meiner. Zwei wollen kneifen, sagen, sie hätten »Termin sozial«. Aber die anderen glauben es nicht und meinen, sie haben nur keine Lust, und sie schaffen es, dass die beiden bleiben. Zu den Männern vom Balkan ist noch ein Mann aus Eritrea und ein Mann aus Syrien hinzugekommen.

Mein Geografieprogramm geht mir leicht von der Hand und gefällt auch meinen Schülern.

In den abgewickelten Globus, den ich an die Tafel male, tragen wir Kontinente ein, die Länder dazu zählen wir auf, soweit wir das können. Das Aufsuchen der eigenen Heimat auf einer Weltkarte, die ich vor ihnen auf dem Tisch ausbreite, bringt erstaunliche Defizite zutage. Da wissen sie fast schon mehr über Deutschland zu sagen, über Bayern, Bier und Fußball. Wer einen Integrationskurs aufsucht, der erfährt so was als erstes.

Was ich an die Tafel schreibe, das schreiben sie ab in Hefte, die ich für sie gekauft habe. Ich fahre sehr zufrieden nach Hause.

Mittwoch, 2. September

Im Rundfunk ist das Flüchtlingsthema das Thema Nr. 1. Täglich kommen Tausende über Ungarn nach Österreich und Deutschland. Es herrscht Ratlosigkeit in Regierungskreisen. Mit dem heutigen Tag sind es in Sachsen Dreizehntausend. Das Quartierproblem ist kaum noch zu lösen. Noch ist das Wetter gut, so dass die Camps genutzt werden können.

Dienstag, 8. September

Vierzehn ausgewachsene Männer sitzen um den Tisch, ich stehe davor.

Eine Frau vom Umweltamt hat mir die Laune verdorben. Sie meint, ich müsse mich unbedingt mit der zweiten Lehrkraft (mittwochs) darüber abstimmen, was wir jeweils für ein Thema behandeln. Das verstehe ich nicht, hier ist jedes Thema und immer wieder recht. Die Anzahl und das Niveau der Teilnehmer, ihre Aufmerksamkeit, ihre Fortschritte und ihr Spaß dabei – das ist mein Maßstab, einen anderen sehe ich nicht. Wir sind keine Schule, kein Integrationskurs, wir sind Nachhilfe und ein bisschen Erholung am freien Nachmittag. Die Männer sind so gut drauf, dass sie auch mich wieder fröhlich machen.

Donnerstag, 10. September

»… zieht mir ins Fleisch Septemberschwäche …«,
so hat es der Lyriker Rainer Kirsch in einem Gedicht gesagt. Schwäche ist es nicht, aber Herbststurm und Kälte. Wie wird es hier draußen weitergehen? Und wie in den Kriegsgebieten der Welt?

DIE ZEIT ist voll von Für und Wider, von Kommentaren zum Krieg in Syrien.

Thilo Sarrazin zeigt sich wiederholt als Rechtspopulist und warnt Europa vor dieser Einwanderungswelle, die Prämissen seien falsch gesetzt, wir würden es nicht schaffen!

In Bayern sind allein am Wochenende vierzigtausend Menschen angekommen. Angela Merkel wird gleichermaßen gelobt und beschimpft.

Ich gehe ins GOETHE-INSTITUT und hole mir Lehrmaterial für den Unterricht. Ich staune, wie gut das Haus ausgestattet ist, auch mit freundlichen Mitarbeitern, die überfordert sind, weil ihre Aufgabe eigentlich eine andere ist, als Flüchtlinge zu betreuen.

Sonnabend, 3. Oktober

Nach einer Urlaubspause gehe ich heute in die KREUZKIRCHE zu einem Konzert im Rahmen der Heinrich Schütz-Festspiele. Eingeladen vom Kreuzkantor Roderich Kreile sind Asylanten von Dresden, die er persönlich begrüßt. Ich kann keinen Bekannten entdecken.

»Unser Leben währet siebzig Jahr, und wenn es hoch kömmt, so sind's achtzig Jahr. Und wenn es köstlich gewesen ist, so ist es Müh und Arbeit gewesen. Denn es fähret schnell dahin, als flögen wir davon.«[5]

So lehrt es uns Heinrich Schütz im Jahre 1671.

Die »Müh« mache ich mir mit vielen anderen, weil Menschen bei uns ankommen, die Hilfe brauchen, sofort. Politische Entscheidungen sind unsere Sache nicht.

Dienstag, 6. Oktober

Noch vom letzten Mal gut vorbereitet, gehe ich zum Friedhof. Zwölf Männer in froher Runde, die Stimmung ist großartig. Ich merke, dass sie langsam ins Deutsche hineinwachsen, ich muss alles an die Tafel schreiben, denn wir haben keine Lehrbücher. Sie schreiben es ab in ihre Hefte. Es ist tolles Gefühl, hilfreich zu sein. Erschöpft und froh gehe ich heim.

Donnerstag, 8. Oktober
Von der Bremer Straße kommt ein Anruf. In einer Dienstberatung sei beschlossen worden, dass der Unterricht für die Männer, die ich betreue, nicht mehr nötig ist. Im November ist ihre Arbeit hier beendet, außerdem gehen nun alle in einen jeweils anderen Deutschkurs.

Das freut mich für sie alle, aber ich hätte mich gern von ihnen verabschiedet.

Jetzt muss ich für mich etwas Neues finden und habe es womöglich schon gefunden.

Kapitel 2
Die Tische im Lichthof

»Barmherzigkeit – eins der schönsten Wörter, eine himmlische Einbahnstraße …«[6]

MARTIN WALSER

Dienstag, 13. Oktober

Fahre am Nachmittag ins ALBERTINUM, weil ich gehört habe, dass wegen der kalten Witterung ein neues Domizil gefunden, der Matthäusfriedhof verlassen werden musste.

Ganz verhalten murmelnd, in einer hinteren Ecke des überdachten Museumshofes – ja wir befinden uns im berühmten Haus der Skulpturen- und Gemäldegalerie der Neuen Meister – sitzen viele mir unbekannte Lernwillige dicht gedrängt an den täglich für sie aufgestellten Tischen und lernen mit Eifer. Besonders freut mich der Anblick drei meiner Schüler, die nun am Nachmittag auch hierher kommen und mich freudig begrüßen.

Eine Museumspädagogin kommt auf mich zu mit den Worten: »Sie kommen wie gerufen. Wir haben heute über ein Projekt gesprochen, bei dem wir versuchen wollen, mit den Ausländern in die Galerie vor die Bilder zu gehen, um dort den Unterricht fortzusetzen.« Ich finde das großartig; schließlich habe ich zwanzig Jahre in diesem Hause gearbeitet.

Es sollen gestern neuntausend Mitläufer von PEGIDA gewesen sein, gegen ein paar Hundert Befürworter der Asylpolitik. Angeblich wurde ein Galgen für Merkel und Gabriel mitgetragen. Was wollen die übrigen 490 Tausend Einwohner von Dresden?

Mittwoch, 14. Oktober

Als ich am Nachmittag im Albertinum eintreffe, empfängt mich im Lichthof ein friedliches Bild. Ja, die Lernenden zeigen es uns: nicht da draußen hinschauen, sich nicht irre machen lassen. Ich sage den Organisatoren, dass ich heute in der Galerie beginnen will und rufe einige mir bekannte SYRER und PAKISTANER dazu auf: »Would you like to come with me?«

Wir beginnen bei den französischen Impressionisten, einem Gemälde von Paul Gauguin »Parau Api. Gibt's was Neues?« Das fragen sich die beiden schönen Insulanerinnen. Ich hätte nicht gedacht, dass über ein berühmtes Bild so wenig zu Kunst und Künstler gesagt werden muss, dass aber neben der Südseeromantik so viele Vokabeln vermittelt werden können. Im Grunde ist es völlig egal, vor welchem Bild das geschieht. Nach einer Stunde stehen wir vor dem Triptychon »Der Krieg« von Otto Dix, das sie sehr beeindruckt. Sie wollen es fotografieren, das dürfen sie. Aber ich bin mir im Unklaren, ob sie verstehen, dass es ein gemaltes, kein fotografiertes Bild ist. Mit dem Finger darüber fahren, das dürfen sie nicht.

Auf einem Block, den ich immer bei mir habe, schreibe ich ihnen in großen Buchstaben Wörter so auf, dass sie sie lesen können. Inzwischen sitzen unten ca. sechzig Männer, noch einmal so viel wurden schon in die Kantine der Kunsthochschule auf der Brühlschen Terrasse geschickt, weil hier der Platz nicht reicht.

Frauen, nein, das muss gesagt werden, die gibt es hier nicht. Die meisten jungen Männer sind ledig, oder die Frau ist noch in der Heimat. Wenn sie schon in Dresden ist, dann muss sie die Kinder betreuen. Ich frage mich oft, was aus diesen Frauen werden soll? Um die Kinder ist mir nicht bange, sie kommen in den Kindergarten, und bereits dort, spätestens aber in der Schule lernen sie die Sprache unseres Landes.

Dienstag, 20. Oktober

Etwa einhundert schwarze Haarschöpfe – ich nenne sie liebevoll meine »Schopftintlinge« – warten auf einhundert deutsche Wörter. Wieder wandere ich mit einer kleinen

Gruppe durch die Galerie und ringe mit Englisch, sie mit Deutsch. Es sind viele Afghanen dabei, deshalb große Niveauunterschiede. Sie haben kein Englisch gelernt, einige sind erst wenige Wochen in Deutschland, viele haben nur für kurze Zeit überhaupt eine Schule besucht.

Sonnabend, 24. Oktober
Heute findet die erste von drei Wochenendschulungen für ehrenamtliche Flüchtlingshelfer im Goethe-Istitut statt, eine spontan anberaumte Maßnahme, um uns »Nichtlehrern« eine gewisse Hilfe zu geben. Überraschend gut und wichtig finde ich diese Unterstützung, z. B. hat uns eine Ungarin eine halbe Stunde in Ungarisch unterrichtet, ohne ein einziges deutsches Wort an uns zu richten. Wir sollen uns so fühlen wie die, die wir unterrichten.

Mittwoch, 28. Oktober
Vom Lichthof weiß ich, dass wegen Einrichtung für das Konzert der Dresdner Philharmonie am Wochenende für uns keine Tische gestellt werden können, sondern dass uns Schüler vom MARIE-CURIE-Gymnasium zu sich abholen werden. Da wir wieder so viele sind, kann ich mühelos ein Trüppchen für die Galerie abzweigen. Wen ich da erwischt habe, das merke ich erst, wenn ich in der Romantik-Abteilung beginnen will. Es sind sieben junge Männer aus Afghanistan, die erst seit ein paar Tagen hier sind und noch kein einziges Wort Deutsch kennen. Und dann gleich deutsche Romantik! Warum nicht? Wir gehen von Bild zu Bild und lernen erste einfache Wörter zu sprechen: Mann, Frau, Kind, Pferd, Baum, Wald, Meer, Schiff, Boot, Himmel, Sonne, Mond, Gebirge, Kreuz – das Kreuz im Gebirge. Um ihnen zu sagen, dass wir in Deutschland auch ihre Religion anerkennen, zeichne ich ihnen eine Moschee und ein Minarett mit einem Halbmond auf meinen Block. In ihren Augen sehe ich Zustimmung, sie fühlen sich angenommen, vermute ich.

Beim Ausgang treffe ich die Direktorin der Galerie Neue Meister und frage sie, ob sie sich vorstellen könne, dass man mit Afghanen, die kein Wort Deutsch verstehen, ohne jegliche Sprachbrücke zu den Bildern von C. D. Friedrich gehen könne. Sie sagt entschieden »Nein«.

»Jetzt reifen schon die roten Berberitzen,
alternde Astern atmen schwach im Beet.
Wer jetzt nicht reich ist, da der Sommer geht,
wird immer warten und sich nie besitzen.«[7]

RAINER MARIA RILKE

Mittwoch, 4. November
Das Wunder wiederholt sich, mein »Unterricht« in der Kunst mit simpelsten Anfängen greift.

Danach bleibe ich noch ein Weilchen an den »Tischen« sitzen, bei STEFAN, unserem Leitstern. Als ehemaliger Chef vom Umweltzentrum ist er fast täglich hier, mit großem Herzen und großer Geste, wir alle mögen ihn und freuen uns, wenn er auftaucht. Heute übt er an einem voll besetzten Tisch gerade die Namen der Finger: Daumen, Zeigefinger, Mittel- oder Ringfinger? Keiner hat einen Ring. Er sagt den Kundigen, das sei ein Zeichen für »married«. Darauf fragt ihn einer: »Wo ist dein Ring? Bist du Single?« Alle lachen, und wir taufen den Finger nun »Singlefinger«.

Sonnabend, 7. November
Von 9 Uhr bis Mittag gehe ich zur zweiten Fortbildungsveranstaltung für ehrenamtlich Lehrende im Goethe-Institut. Mir wird bestätigt, dass ich auf dem richtigen Weg bin. Die langjährige Ausbilderin, Slawistin Verena sagt, so sei garantiert, dass ich die Lernenden nicht überfordere. Das wäre der größte Fehler, z.B. sei die Grammatik das letzte, was wir vermitteln sollten, die käme beim Sprechen von selbst.

Dienstag, 10. November
Heute habe ich ein sehr berührendes Erlebnis mit fünf Afghanen in der Romantikabteilung der Galerie. Es zeigt sich,

dass einige nach einem Jahr und längerem Aufenthalt noch nichts oder wenig auf meine Fragen antworten können. Aber verstehen können sie schon ziemlich viel. Wie unlängst schon, gehe ich mit ihnen zu Caspar David Friedrich, Ludwig Richter und Christian Dahl.

Vor dem großen Gemälde einer Wasserfläche mit Segelbooten im Gewittersturm von dem Romantiker Ernst Ferdinand Oehme versuche ich die Frage, ob auch sie mit solchen Booten hierher gekommen sind.

Daraufhin ergibt sich ein Dialog, der weniger aus Worten als aus Gesten und Malen auf meinem Block besteht. Von einem Mann, der heftig mit den Händen und seinem ganzen Körper das Erlebte zum Ausdruck bringen will, verstehen wir alle, dass ein Schleuser die Insassen vom Boot etwa fünfzig Meter vor der Küste – das zeigt er auf dem Bild – ins Wasser gestoßen hätte. Zum Durchwaten wäre es an einigen Stellen zu tief gewesen, Schwimmen konnten nicht alle, so dass zwei Säuglinge ertrunken sind; die Männer und Frauen hätten es zumeist geschafft, aber mit welchem Verlust und Leid!

Nach dieser beklemmenden Schilderung, die uns alle sehr berührt hat, zieht einer der Anwesenden einen gelben Briefumschlag aus der Tasche und will, hier mitten in der Galerie, dass ich ihm die zwölf eng beschriebenen Seiten vom Erstaufnahmelager in Chemnitz erklären soll. Ich setze mich mit ihm auf eine Bank, und schon auf der zweiten Seite lese ich, dass er Deutschland bereits in wenigen Tagen verlassen und nach Ungarn gehen soll.

Das ist die bekannte DUBLIN-Entscheidung, die regelt, dass alle Flüchtlinge bis zur endgültigen Entscheidung in dem Land bleiben müssen, in dem sie zuerst angekommen sind.

Die Antwort kann ich ihm nur mit Hilfe von Stefan geben, den ich zum Glück noch unten antreffe. Er schickt den armen Mann zu seinem Sozialbetreuer.

Ich stelle mir vor, wie dieser jeder Sprache außer Persisch unkundige Mensch nun noch Ungarisch lernen soll.

Freitag, 13. November
Die Nachricht geht um die Welt: in Paris haben IS-Kämpfer ein grausames Attentat verübt.

Sie schossen wahllos entlang eines Vergnügungsviertels, wo Jugendliche ein Konzert besuchten. Einhundertdreißig Tote und dreihundert Verletzte! Die Kommentare überstürzen sich: ist das eine Kriegserklärung an Frankreich, weil es am Syrienkrieg beteiligt ist? Der Papst spricht schon von einem dritten Weltkrieg.

Ich frage mich, ob die zehntausend Dresdner, die hier am Montag Abend als PEGIDA auf die Straße gehen, nicht befürchten sollten, dass auch sie Ziel eines Anschlags werden könnten. Aber ich höre auch, dass sich der ISLAMISCHE STAAT vor allem gegen die Demokratie richtet, insofern PEGIDA begrüßt, weil die PATRIOTEN EUROPAS GEGEN DIE ISLAMISIERUNG DES ABENDLANDES Zwietracht säen in der Welt, nichts will der IS mehr.

In DIE ZEIT vom 26. November lese ich von dem finnischen Völkerrechtler Martti Koskenniemi: *»Diese besondere Form von islamischem Nihilismus, indem ich nichts Religiöses erkennen kann, ist das Resultat eines Jahrhunderts der lang anhaltenden Kolonialregime. Zum anderen verdankt er sich einem eklatanten Mangel an demokratischer Selbstbestimmung von Arabern, die immer noch als Bürger zweiter Klasse in autokratischen Monarchien leben. Junge Männer haben im Nahen Osten keine Zukunft, sie haben keinen Raum zum Träumen.«*[8]

CHE GUEVARA soll gesagt haben: »Ein Kämpfer ist ein Nichts ohne eine Kalaschnikow.« Wo also kommen die Waffen her? Wird Deutschland als Lieferant deshalb bis jetzt von größeren Angriffen verschont?

In meiner Ratlosigkeit gehe ich zu meinem Buchhändler, der mir berichtet, dass er sich gerade mit der Geschichte der französischen Kolonien beschäftigt, um überhaupt mal einen Überblick über das Kolonialgeschehen nach dem Ersten Weltkrieg zu bekommen. So etwas gefällt mir. Wer zerbricht sich denn schon den Kopf über das alles?

Am Abend höre ich einen Vortrag von KILIAN KLEINSCHMIDT, einem Entwicklungshelfer der UNO. Er berichtet vom Flüchtlingslager ZATARI in Jordanien.

Aus einem Lager für zwanzigtausend Menschen aus Syrien und dem Irak hat er einen Lebensraum, eine funktionierende Stadt geschaffen.

Mittwoch, 18. November

Buße tun und Beten, das verstehen die Muselmanen, tun sie es doch an jedem Freitag in einer der vier Moscheen in Dresden. Das sind keine imposanten Bauwerke, sondern eilig in frei stehenden Räumen eingerichtete Betstuben.

»Heute ist Sonntag in Sachsen« sage ich meinen Schülern. »Warum?« fragen sie, denn das Albertinum hat geöffnet. Aber da bin ich mit meinem Wortschatz der Erklärungen am Ende.

Donnerstag, 19. November

Obwohl heute für mich kein Unterrichtstag ist, die Schüler von gestern aber mit den Augen so gebeten haben, gehe ich für eine Stunde zu ihnen. Mein 16-jähriger Zögling von gestern ist nicht erschienen, dafür zwei Neue aus Afghanistan, die erst kurze Zeit hier sind und rein gar nichts verstehen. Mit einer Weltkarte versuche ich, den Verlauf ihrer Flucht herauszubekommen; mit Zeigen, Gestikulieren und Aufmalen erfahre ich ihren Weg über Pakistan, die Türkei, Mazedonien, Serbien, Griechenland, Ungarn und schließlich über Österreich nach Berlin. Einen Monat und sechzehn Tage habe diese Flucht gedauert.

Täglich erleben wir hier das Wunder eines offenen Raumes für jeden, der lernen, lehren, oder Kontakt suchen will, ohne Plan und Reglement. Sowohl die Angehörigen der verschiedenen Völker, Kulturen und Religionen dürfen kommen und gehen, wann sie es wollen, als auch die freiwillig Helfenden, ihnen steht es frei, ihrer Zeit und Möglichkeit entsprechend, in den Stunden von 15 bis 17 Uhr anwesend zu sein. Und das von Dienstag bis Freitag.

Das Wunder besteht darin, dass ohne Absprache oder Stundenplan die Stühle an den sogenannten ABC-Tischen täglich besetzt sind und dass an jedem dieser Tische ein Mensch – jung oder alt – die Initiative ergreift und fragt, womit er helfen könne.

Das beginnt damit, dass nach Namen gefragt wird, nach Herkunftsland und nach Vorbildung. Für die Afghanen gibt es zur Zeit, aus mir unverständlichen Gründen, noch keine Deutschkurse, für alle anderen schon.

Außer ihrem Leben, das sie behalten konnten, besitzen die Flüchtlinge nun keine Heimat mehr, jedenfalls nicht für die kommenden Jahre. Das müssen wir uns immer wieder klar machen, ohne zu fragen, was hast du für eine Hautfarbe, was für eine Religion? Wir gewöhnen uns an zu fragen: »Was was willst du beitragen zur Gemeinschaft mit uns?«

Außer STEFAN, der als »Umweltmensch« das alles schon weiß, gibt es auf diesem Marktplatz der Nationen noch andere gute Geister. Da ist GEOFFREY, der Australier, der als Sozialarbeiter beim Umweltzentrum angestellt ist und diese Nachmittage mit unglaublichem Engagement für uns alle organisiert. Später wird noch PETER hinzukommen, zu ihm zu gegebener Zeit.

Täglich müssen die Tische im Lichthof aufgestellt und um 17 Uhr wieder weggeräumt werden. Der Anblick dieser ungewöhnlichen Studierecke kann offenbar nicht jedem der Museumsbesucher länger zugemutet werden. Oft genug sehen wir einige von ihnen verständnislos die Köpfe schütteln. Auch die Worte »armes Deutschland« sind schon gefallen. Wir gehen darauf nicht ein, die Ausländer verstehen es sowieso noch nicht.

Dienstag, 24. November

Setze mich im Albertinum zu drei jungen Männern an den Tisch, bald sind es sieben.

Es strömt und strömt, sie sitzen dann auf der Erde, weil die Tische nicht reichen. Einige sind Monate hier, andere erst Tage. Beginnt man ganz klein und einfach, dann werden die »Guten« ungeduldig, sie wollen weiter kommen. Spreche ich aber mit ihnen, auch Englisch, dann schauen die Neuankömmlinge mich mit traurigen Augen an. Letztlich sind alle dankbar. Syrer und Pakistaner gehen alle am Vormittag in Schulen zu den sogenannten Integrationskursen. Die Afghanen sind sich selbst überlassen. Wer er schafft, allein mit Hilfe des Handys zu lernen, der hat kaum schlechtere Ergebnisse als die Schulgänger. Aber diese Disziplin haben nur wenige, auf keinen Fall diejenigen, die mit ihrer Familie zusammen wohnen. Mit Frauen und Kindern wird in dem neuen Zuhause ausschließlich in der Muttersprache geredet; nur wer allein wohnt, kann lernen.

Einige gehen außerdem noch zur SLUB, der Sächsischen Landes- und Universitätsbibliothek, dort stehen ihnen auch Computer zur Verfügung und jede Menge Lehrbücher.

Am Nachmittag haben alle Zeit, deshalb kommen sie zu uns und bekommen das, was sie brauchen. Und sie treffen Freunde und Landsleute.

Einer Einladung vom SOZIAL- und vom JUGENDAMT folge ich heute Abend in die EVANGELISCHE HOCHSCHULE. Es ist ein Aufruf an die Bürger Dresdens, die sich um unbegleitete jugendliche Flüchtlinge im Alter von elf bis 17 Jahren kümmern wollen, entweder mit Patenschaften oder mit Aufnahme in ihre Familie.

Es ist ein kleiner Seminarraum für max. 40 Personen vorgesehen, doch bald schon ergießt sich ein Menschenstrom von ca. vierhundert Dresdnern durch die Gänge, so dass sie nicht einmal im großen Hörsaal der Hochschule Platz finden. Ich gehöre auch zu denen, die keinen Platz mehr bekommen und zwei Stunden stehen müssen. Aber das Engagement all dieser Menschen, einschließlich der Frauen und Männer von den Behörden, ist so unglaublich wohltuend, dass keiner geht.

Ich habe ja nicht vor, ein Kind zu betreuen, aber für mich ist es so wichtig zu wissen, was außer PEGIDA in Dresden noch passiert. Nur leider ist über den heutigen Abend kein Wort in der Zeitung zu lesen, nur darüber, dass gestern

Abend wieder Tausende Ausländerfeindliche auf der Straße waren.

Mittwoch, 2. Dezember

Als ich um 15 Uhr im Lichthof eintreffe, sind bereits alle Tische besetzt. Ich unterhalte mich kurz mit STEFAN, der mir berichtet, dass alle Albaner und Marokkaner, die auf dem Äußeren Matthäusfriedhof gearbeitet haben und die ich als erste im Deutschen unterwiesen habe, aus ihren Quartieren geholt und in Richtung Heimat geschafft wurden. Geschehen ist es so, dass der erste Mann, der sich geweigert hatte, mit polizeilicher Gewalt abgeholt und damit ein EXEMPEL statuiert wurde.

In aller Herrgottsfrühe und ohne vorherige Ankündigung wurden dann die Anderen geholt, die sich nun nicht mehr geweigert, aber sich auch nicht mehr von ihren Freunden verabschiedet haben. Wir sind betroffen! Was sind das für Methoden?

In meinen Vorbereitungsheften finde ich die Namen, wir sehen sie nie wieder: RAYAN BADAR, GEZIM HYKA, SKERDI LAJD, ENIS DALIPAS, FLORENC KURTI und RAHEL MOUCHTARI. Nicht mehr als Namen und lachende Gesichter bleiben in der Erinnerung, wie von Toten.

Montag, 7. Dezember

Am späten Nachmittag gehe ich ins »Kleine Haus« des Staatsschauspiels Dresden, um mir einmal das MONTAGS - CAFÉ für Ausländer anzusehen. Auf der überdachten Veranda sitzen sie, oder spielen Tischtennis. Andere unterhalten sich mit einheimischen Mädchen, da werde ich nicht gebraucht. Abends soll noch eine Band spielen.

Donnerstag, 10. Dezember

Heute habe ich ein großes Erlebnis mit vier Männern aus dem IRAN. GEOFFREY sagt: »Heute sind wir reich, wir haben echte Perser!« Nicht nur, dass sie schön sind wie im Märchen mit ihren fein geschnittenen Nasen und hohen

Stirnen, sie sind auch gebildet, sprechen Englisch und sind hoch motiviert, Deutsch zu lernen. Ich kann sie sofort für eine Führung durch die Dresdner Romantik gewinnen.

Vor dem Gemälde JACOBS HEIMKEHR NACH DEM GELOBTEN LANDE von Carl Gottlieb Peschel aus dem Jahre 1845 kennt einer der Männer die Geschichte aus dem Alten Testament. Er zeigt auf das Kind im Arm der Frau, die auf einem Kamel sitzt und sagt: »Das ist Joseph«.

Dienstag, 15. Dezember
Heute ist der letzte Unterrichtstag in diesem Jahr, erst am 5. Januar geht es weiter.

Fünf junge Afghanen kommen an meinen Tisch: 12, 16 und 17 Jahre. Das Kind ist der Neffe von dem 17-Jährigen. Sie wohnen alle im Jugendklubhaus »Rudi Arndt«, sind drei Monate hier und haben sehr unterschiedliches Sprachniveau. Alle sind freundlich und sagen zu mir: »du bist nett«. Oft höre ich auch den Satz: »Ich mag dich«, das kommt wahrscheinlich von dem englischen »I like you«.

Wir nehmen keine Übungsblätter, sondern sprechen über ihre Familien, ihre Flucht und über Dresden. Das verstohlene Gähnen zeigt mir immer an, dass die Konzentration erschöpft ist. Morgen ist Weihnachtsfeier.

Mittwoch, 16. Dezember
Als ich um 15 Uhr im Lichthof eintreffe, sehe ich liebevoll gedeckte Tische, die noch wenig besetzt sind. Aber das ändert sich bald, und am Ende des Nachmittags sind es etwa einhundert unserer Gäste, die nun an kleinen Stehtischen essen und trinken. Es gibt Kaffee, Tee und Kinderpunsch, Stollen und Gebäck für alle. Mit Tannengrün und Mandarinen sind die Tische geschmückt.

Nach einem gemeinsam gesungenen »O Tannenbaum« werden die ausländischen Gäste munter. Einige Männer singen allein in ihrer Sprache, es tönt hoch und weit in dem hohen Raum, feierlich wie in einem Dom.

Montag, 21. Dezember
Als ich am Nachmittag mit meinem Enkel über den mittelalterlichen Weihnachtsmarkt im Stallhof gehe, sind wir schon von einem ungeheuren Aufgebot an Polizei umgeben. Auf dem Heimweg können wir nur noch vor der PEGIDA-Demonstration an die Elbe flüchten.

Im Radio hören wir dann, es waren achttausend Anhänger dieser Bewegung und dazu viertausend Gegendemonstranten, die auf dem Theaterplatz die ODE AN DIE FREUDE sangen.

Mit der sich stark verändernden Welt verändern auch wir uns, und ich habe bemerkt, dass es geschehen kann, dass Weltpolitik und Migration nicht nur jeden einzelnen herausfordert, sondern dass die Meinungen schon innerhalb einer Familie oder eines Freundeskreises auseinandergehen können, wie zu Weihnachten geschehen.

Sonnabend, 26. Dezember
Zu den Feiertagen im Familienkreis auf dem Lande, dem sich ein paar Nachbarn zugesellt haben, will keine rechte Stimmung aufkommen. Feierlichkeit ist nicht gefragt, aber was sie ersetzen soll, das weiß auch keiner. So wird der verhängnisvolle Satz, der besser hätte unterbleiben sollen, an mich gerichtet: »Erzähl doch mal was von deinen Ausländern!«

In der Runde befindet sich eine Lehrerin aus Berlin-Kreuzberg. Mit meinen positiven Erfahrungen und der optimistischen Weltsicht werde ich von ihr sofort eines besseren belehrt. Das heißt, sie will und kann vielleicht auch alles besser, oder wenigstens anders wissen. Alle meine Argumente, u. a. dass Flüchtlingsarbeit auch eine Welterfahrung sei, dass wir von Ländern erfahren, von denen wir bisher nichts wussten, werden von ihr zu Boden gehauen. Sie breitet Schreckensszenarien aus einer Kreuzberger Schule vor uns aus. Diese verwilderten Kinder mit ihren arbeitslosen Eltern, das sei das ganze Problem der Migration, die reine bittere Wahrheit.

Kapitel 3
2016 – Wir schaffen das

»… bunte Gesellen, vom Sturmwind verweht, Glückssucher mit Plastiktüten, Kopftüchern und Kunstlederjacken. Echtes Leben! Echte Sorgen! Echte Träume …!«[9]

RICHARD DAVID PRECHT

Dienstag, 5. Januar

Das Neue Jahr hat begonnen. An meinem Weihnachtsbaum verlöschen die letzten Kerzen, morgen ist Epiphanias.

Heute hat der Unterricht an den ABC-Tischen – so heißt unser Projekt – wieder begonnen. Ich habe keine Vorstellung von dem, was »unsere« Männer ohne jegliche Begegnung mit Schule, Lernen und mit uns inzwischen getan haben mögen; es war eine Pause von drei Wochen.

Mit einem Mann meines Alters setze ich mich zu einem jungen Afghanen an den Tisch, er heißt ELIAS, ist 23 Jahre alt und schon drei Monate hier. Erst kürzlich hat er seine 19-jährige Cousine geheiratet, sie ist schon seit fünf Jahren mit Mutter, Vater und zwei weiteren Geschwistern in Dresden. Er erzählt, dass sie auf der Prager Straße Schuhe verkauft und perfekt Deutsch spricht. »Lernt sie mit dir?« frage ich ihn. Ja, aber leider käme sie spät am Abend nach Hause, dann isst die Familie gemeinsam, und es wird nur noch Persisch gesprochen.

Da klingelt sein Handy, seine Frau möchte mit mir sprechen und sich bedanken, dass ich mit ihm lernen will. Ein Mann aus Pakistan kommt an unseren Tisch, er spricht Arabisch, sie können sich nicht verstehen. Ich widme mich also Elias und merke, wie intensiv, aber auch anstrengend so ein Einzelunterricht ist. Nach 90 Minuten verabschiede ich ihn bis zum Donnerstag.

Donnerstag, 7. Januar
Die Blechschachtel mit einem sehr guten Christstollen, den ich als Geschenk für einen Vortrag bekam, packe ich ein, um ihn ELIAS für seine Großfamilie mitzugeben, aber er kommt nicht. Drei Monate hat der Kuchen noch auf seinen Besitzer gewartet, dann habe ich ihn einer anderen Familie geschenkt.

Bei meiner Feiertagslektüre stoße ich auf eine Stelle in Dostojewskis Roman »Die Brüder Karamasow«:

»Um die Welt umzugestalten und zu erneuern, dazu ist erforderlich, dass die Menschen auch seelisch umkehren, sich auf einen anderen Weg begeben. Bevor man nicht tatsächlich jedem ein Bruder geworden ist, bricht auch die Brüderlichkeit nicht an.«[10]

Dienstag, 12. Januar
Ohne Erwartung, aber nicht ohne Hoffnung sehe ich den Tischen entgegen. Es klingt kurios, aber anstelle des verschollenen ELIAS ist ein anderer gleichen Namens zu mir gekommen, dazu noch ein JASIF. Es sind beides Afghanen, 22 und 24 Jahre alt, drei Monate in Deutschland. Die Anfänger sind am anstrengendsten, weil die Vermittlung ohne eine andere Sprache als Brücke so schwer ist. Die Übungsblätter können sie auswendig, aber wenn sie ein Wort lesen sollen, können sie es nicht. STEFAN sagt, er nimmt keine Übungsblätter mehr, sondern die Zeitung oder Kataloge, z.B. von IKEA. Dieser ELIAS ist Elektromechaniker und JASIF ist Teppichweber.

Am Abend gehe ich noch zu einem Vortrag ins HYGIENE-MUSEUM zum Thema »Flucht und Migration als europäische Herausforderung«. Im Podium sitzen neben zwei langweiligen hiesigen Professoren von der Technischen Universität ein Pole und ein Italiener. Sie sollen über ihre Erfahrungen mit Flüchtlingen in ihrem Land berichten. Der Italiener brilliert mit seinem schnell fließenden Englisch, von den mehreren hundert Studenten scheint ihm auch nur ein Teil folgen zu können.

Der Pole spricht gut Deutsch, aber hat keine Erfahrungen, weil es in seinem Land nur etwa vier Tausend Flüchtlinge gibt, die darauf warten, in andere Länder geschickt zu werden. Ich vermeide das Wort »abgeschoben«, das ich unmenschlich finde. Ich sehe dabei immer einen Schneeschieber, der eine Menschenmenge vor sich herschiebt.

Freitag, 15. Januar

Um neben all den Analphabeten täglich doch mal etwas »Festes« zu haben, beschließe ich, die Frau von ELIAS in ihrem Schuhgeschäft aufzusuchen, auch wenn die vorgeschlagene Einladung zum Familienessen nicht zustande kam.

Nach längerem Suchen – es gibt viele Schuhe in der Prager Straße – finde ich sie in einer eleganten Herrenschuhabteilung, eine hübsche, freundliche junge Frau. Sie ist sehr überrascht, weiß aber sofort, wer ich bin. Sie sagt, ihr Mann hilft ihr zur Zeit, eine gemeinsame Wohnung zu finden, sie ist schwanger. Sie spricht sehr gut Deutsch und wäre mir dankbar, wenn ich ihrem Mann helfen würde.

Dienstag, 19. Januar

Im Albertinum erwartet mich ein volles Haus. Wahrscheinlich sind die Unterkünfte jetzt alles andere als gemütlich, es sind ja immer noch etwa eintausend Flüchtlinge in Camps untergebracht.

ELIAS ist nicht gekommen, aber ein lustiges Völkchen von nach und nach sechs jungen Afghanen und Pakistanern. Sie fragen nach meinem Alter, ich lasse sie raten, aber die Zahlen sind nicht ihre Stärke. Einer sagt: 57, ich sage zu ihm »turn the numbers«. Da wollen sie es nicht glauben.

Mittwoch, 20. Januar

Alle sechs wollten sie wiederkommen, aber es ist nur einer da. Dazu kommen vier Neue, mit denen ich mühsam ein Gespräch entwickele. Sie sollen mir auf dem Stadtplan zeigen, wo sie wohnen; zwei zeigen auf die Hamburger Straße, also sind sie noch im Camp. Die beiden anderen wohnen in einem Hotel in der Neustadt, haben jeder ein kleines Zimmer. Das sind sehr verschiedene Lebensbedingungen. Ein sehr junger Mensch zeigt mir traurig die Fotos von seiner Frau und seinem zweijährigen Sohn in Afghanistan.

Der andere, ein schöner 27-jähriger Mann, ein MOHAMMAD, geht zum Bodybuilding. Er möchte eine schöne Frau kennenlernen. Zurück in die Heimat wollen sie beide nicht mehr. Warum nicht, frage ich sie. Hier wäre alles gut, keine Probleme. Was sagen sie zu PEGIDA?

Davon haben sie keine Ahnung, Angst haben sie auch nicht. Ich erkläre ihnen, so gut es geht, was das bedeutet, aber auch, dass sie nicht viel zu befürchten haben. Es handelt sich um ein Prozent der Bevölkerung.

Am Abend höre ich einen Kommentar von Jörg Babarowski. Es geht um Gewalt und ob der Mensch ohne sie leben kann, ob Kriege vermeidbar sind. Er gilt als exzellenter Osteuropakenner und Gewaltforscher.

»Gewaltfreiheit setzt voraus, dass eine gewisse Ordnung hergestellt ist… Konflikte sollten sofort eingedämmt werden…«

Die Lage in Syrien ist zur Zeit schlimmer als vor Jahren, da der arabische Frühling noch als beherrschbar eingeschätzt wurde… *»Frieden muss jeden Tag hart erarbeitet werden. Jeder Mensch, der geboren wird, muss neu sozialisiert werden.«*[11]

Sonnabend, 23. Januar

Zweiter Weiterbildungstag im Goethe-Institut mit intensivem Austausch der ehrenamtlichen Lehrkräfte. Aber man rät mir davon ab, den arabischen Männern in der Gemäldegalerie nackte Frauen zu zeigen, wie z. B. die beiden Mädchen des Expressionisten Schmidt-Rottluff, die an einem Teich in Moritzburg stehen und ihr schwarzes Haar kämmen. Soll ich ihnen lieber nackte Männer zeigen? Und soll ich ihre Prüderie akzeptieren und sie das Wegsehen lehren? Was ist mit den Skulpturen von Permoser im Dresdner

Zwinger? Und niemand wird ihnen bisher die griechisch-römische Antike vorenthalten haben.

Sonntag, 31. Januar

Zum Thema »meet a friend« beginnt ab 15 Uhr ein großes Begegnungsfest im Lichthof des Albertinums, organisiert von den Staatlichen Kunstsammlungen. Schon zu Beginn sind viele gekommen, sowohl Flüchtlinge mit ihren Familien, als auch Dresdner. Begrüßung und Ansprachen durch die Kulturministerin Eva-Maria Stange und die Direktorin Hilke Wagner. Übersetzt wird in drei Sprachen. Unter der Tribüne steht ANNA MATEUR, die beliebte Sängerin aus der Dresdner Neustadt mit ihren Musikern. Da ich neben ihr stehe, frage ich sie, ob sie singen wird.

Und wie sie singt! Noch wird an den Tischen gefuttert, oder durch den Hof flaniert, um sich einen Freund zu suchen. Die Stimmung ist gut, aber als die Diva mit ihrer Band auf die Bühne steigt, erreicht sie den Höhepunkt. Sie fordert zunächst die Asylanten auf, zu ihr zu kommen und etwas von ihren Deutsch-Kenntnissen preiszugeben.

Drei Syrer folgen ihrem Ruf und sagen ein paar Worte oder Sätze über sich. Dann beginnt die Grand Dame zu singen, das ist umwerfend, und es kommen mir erst mal die Tränen. In einem grotesk-komischen Arabisch, das keines ist, aber ganz echt klingt, hat sie ganz Syrien und Afghanistan auf ihrer Seite.

Die Männer brüllen und klatschen begeistert, dann tanzen sie im Reigen wild vor der Bühne, und weil der Platz nicht ausreicht, werden noch ein paar auf die Schultern genommen, und es wird im Rhythmus gestampft. Alle jubeln der Frau zu, die wirklich einsame Klasse ist, aber nach ihrem Auftritt wohlweislich verschwindet.

Es singt noch eine schwarze Sängerin von der Semperoper aus »Porgy and Bess«, aber man spürt, die Luft ist raus. Ich treffe einige meiner Schüler, die mich freudig begrüßen. Stolz zeigen sie mir ihre Frauen und Kinder, oder die soeben gefundene Freundin.

Dienstag, 2. Februar
Die Bürgerstiftung hat mich angerufen, es soll heute ein MOHAMMED zu mir kommen, welche Verheißung!

Er wäre ein schon etwas älterer Mann, um den ich mich kümmern soll. Er kommt aber nicht, es ist möglich, dass er den Ort nicht richtig verstanden hat, denn wir sind heute im Marie-Curie-Gymnasium, weil im Lichthof die Philharmonie ihr Konzert vorbereitet. So, wie dieses Orchester in Dresden mehrere Spielorte hat, so geht es auch den ABC-Tischen.

STEFAN entwickelt mir seine neueste Arbeitsbeschaffungsmaßnahme: einen 100-Euro-Job für bereits gut Sprechende. Sie sollen ihre Landsleute auf den verschiedensten Gebieten in die deutsche Kultur einführen, in der Stadt und in Museen, für letzteres soll ich zur Verfügung stehen.

Mittwoch, 3. Februar
Wieder im Gymnasium sieht es so aus, als würde ich heute nicht gebraucht. Da kommen zwei junge Männer herein und sehen mich erwartungsvoll an; das bedeutet immer, sie suchen einen Lehrer. Sie heißen beide MOHAMMED. Wie können die Eltern nur diese vielen »Propheten« auseinanderhalten?

Es ist sehr schön mit den beiden, der eine sieht noch recht ahnungslos in die neue Welt, der andere kann gut Englisch und auch schon einiges Deutsch. Beide sind erst 19 und 20 Jahre alt, waren drei Wochen auf der Flucht von Afghanistan, sind seit zwei Monaten hier.

Als ich nach ihren Familien zu Hause frage, behaupten beide, ihre Eltern seien im Krieg umgekommen. Ist es wahr, oder wollen sie ihre Familien verleugnen aus Angst, sie könnten ihnen beim Erhalt des Bleiberechts hinderlich sein? Eine Antwort wird so schnell niemand bekommen.

Das Wort »Abschiebung« ängstigt sie, soviel höre ich heraus. Ich sage, dass ich es auch ganz schlecht finde, auf einen Menschen angewendet. Auch PEGIDA versuche ich ihnen zu erklären und was ABEND- und MORGENLAND bedeutet. Beim Blick auf die Weltkarte, die ich immer bei mir trage, haben wir noch Spaß beim Aussprechen der Kontinente und der Länder. Bei Australien sage ich, dass GEOFFREY aus diesem Land kommt, da sagen sie nein, er käme aus Austria. Ich hole ihn an unseren Tisch, und er erzählt ihnen von Australien und den schönen Stränden, die er dort in fünf Minuten erreichen kann.

Eine Verabredung mit den beiden gibt es nicht, denn wir haben in den nächsten Wochen notgedrungen eine Lernpause wegen Großreinigung im Albertinum und Ferien im Gymnasium.

Mittwoch, 10. Februar

Habe heute mit verschiedenen Leuten telefoniert, um eventuell einen dauerhaften Kontakt bzw. eine Patenschaft zu bekommen.

Eine nächste Aufgabe ist, heute Nachmittag mit sieben Afghanen in den Zoo zu gehen. Pünktlich treffe ich dort ein, zu mir gesellt sich ein bestellter Dolmetscher für Persisch. Bei eisigem Wind warten wir eine halbe Stunde vor dem Eingang, aber keiner der sieben taucht auf. Wir mutmaßen, dass es ihnen zu kalt ist. Was Höflichkeit und Pünktlichkeit anbelangt, so habe ich bald gelernt, dass wir sie nicht als bekannt und verbindlich voraussetzen dürfen, noch nicht.

Sonntag, 14. Februar

In einem Radio-Salon höre ich den Bundesjustizminister Heiko Maaß in einer Debatte über die Fragen, die mit der Einwanderung von einer Million Flüchtlingen seit einem Jahr vor der BRD, vor Europa stehen. Die Krise, von der die Rede ist, bringt Europa auf den Prüfstand.

Es geht um »den Westen«. Ist seine Einflussnahme im Arabischen Frühling richtig? Was ist der »Westen«? Er kann die Probleme der Welt nicht lösen, aber die Menschen kommen hierher, weil sie den Wert der Freiheit erkennen. Seit der Mitte des Jahres 2015 hält die Zuwanderung unvermindert an und wird anhalten, solange die Gründe zur Flucht anhalten.

Nochmal lese ich von dem Philosophen und Publizisten Richard David Precht: »*Menschlichkeit kennt keine Obergrenze. Jesus Christus und Immanuel Kant haben dies gewusst. Horst Seehofer muss es noch lernen.*«[12]

Mittwoch, 17. Februar

Es geht weiter. Zwar haben wir noch keine Tische, aber ich nehme mir zwei junge Afghanen, 16 und 17 Jahre alt, mit auf eine Bank im Foyer. Es sind fast noch Knaben, die mich mit großen Kinderaugen ganz offen ansehen. Auf die Frage nach dem Vater antworten sie wieder mit »nein Vater«. Sind die Väter wirklich gefallen, oder ist es Taktik? Was ich von ihrem Tag erfahren kann: um sechs Uhr laufen sie von dem Camp aus eine halbe Stunde zu einem Tischler.

Ich sehe an ihnen herunter: dünne Jeans, dünne Jacke, Turnschuhe. Das Wort »Holz« kennen sie noch nicht, aber »Tisch« und »Stuhl«. Wir sehen uns um, was können sie an der Einrichtung als Holz erkennen und benennen. Nach den Stunden in der Werkstatt kommen sie hierher, da sind schon acht Stunden vergangen, und jetzt sind sie für zwei Stunden hier. Einer fällt vor Müdigkeit fast von der Bank, bis ich das erlösende Wort »finish« sage, das verstehen sie besser als »genug für heute«.

Wieder gibt es ausländerfeindliche Übergriffe in Freital bei Dresden, einer Hochburg von NPD und PEGIDA. Ein Freund wohnt dort, ich frage ihn und erlebe auch hier Ablehnung. »Du solltest mal die besoffenen Männer am Hauptbahnhof sehen.« Ich bin selten dort, kann nur sagen, dass ich noch keinen solchen Mann gesehen habe. Jenen, die mich kennen, begegne ich auf der Straße, und sie grüßen mich freundlich. Sind die ABC-Tische einer der Orte für Lern- und Integrationswillige, für Muslime, die ihre Religion mit ihren Geboten ernst nehmen?

Es sind Hunderte inzwischen, aber eben längst nicht alle, die ihn zum Lernen haben, den nötigen Ernst.

Kapitel 4
Ali aus Pakistan

»Ali lief dem Glück nicht hinterher, und so hatte er es schwer, doch sein fröhliches Herz bescherte ihm ein glückliches Leben …«[13]

ALI BABA UND DIE VIERZIG RÄUBER, AUS 1001 NACHT

Dienstag, 23. Februar

Keinen mit dem Namen Ernst, sondern mit dem Allerweltsnamen ALI soll ich heute kennen lernen. Ich komme mit Verspätung im Albertinum an, alle Tische sind schon besetzt.

Da erhebt sich ALI ASAD aus PAKISTAN, er will sich selbst auf den Fußboden setzen. Ich biete ihm an, in die Galerie zu gehen, er stimmt sofort zu, wir haben noch eine Stunde Zeit. Er weiß schon erstaunlich viel, das Triptychon »Der Krieg« von Otto Dix hat er auch schon gesehen und findet es »very great«. Wir verabreden uns für Donnerstag.

Dieser ALI, er ist einer meiner liebsten und besten »Schüler«, denen ich bisher begegnet bin. Ihm möchte ich ein kleines Kapitel widmen, auch wenn ich nur kurze Zeit mit ihm lernen konnte. Er ist eines Tages zu mir gekommen, als seine Lehrerin PEGGY verhindert war.

Für die schöne Zeit, die ich mit ihm verbringen durfte, lasse ich die Chronologie meiner Aufzeichnungen kurz außer acht und greife der Zeit etwas voraus. Ab Ende März hat Ali einen Job gefunden und kommt nur noch an wenigen Tagen zu Peggy. In jener Zeit habe ich ihn einmal am Albertplatz mit seinem Freund getroffen und habe ihn gefragt, wo er arbeitet. Seine Antwort war: in PISERIA, mit der Betonung auf dem E. Das ist mir fremd, also frage ich den Freund: »Wo arbeitet Ali?« Er sagt: »In einer PIZZERIA.« Daraufhin spricht Ali immer wieder vor sich hin: PIZZERIA, PIZZERIA, mit der Betonung auf dem letzten I.

Donnerstag, 25. Februar
ALI steht vor dem Eingang. Wir gehen eine Stunde durch die Dresdner ROMANTIK. Er ist sehr beeindruckt, senkt die Stimme, um andere Besucher nicht bei ihrer Betrachtung zu stören.

Dienstag, 1. März
Es sind nur wenige Lernwillige erschienen. Der Grund mag sein, dass es in der Nacht stark geschneit hat, was einige mit weitem Fußweg abhält, vor allem die Radfahrer. Manch einer besitzt schon ein geschenktes Fahrrad, um das Geld für die öffentlichen Verkehrsmittel zu sparen.

ALI und sein Freund sind erschienen, und sie wollen mit mir lernen. Da taucht plötzlich ELIAS auf, den ich lange nicht gesehen habe. Ich möchte mit ihm sprechen; die komfortable Situation, dass heute mehr Lehrer als Schüler da sind, erlaubt es, dass ich die beiden jeweils einer Lehrkraft übergeben kann.

Elias erzählt auf meine Fragen von sich und seiner Frau, die schwanger ist. Im Juni erwarten sie ihren ersten Sohn. Leider würde er mit ihr nur wenig Deutsch sprechen, beide müssen sie um sechs Uhr aufstehen, er geht zur Schule und sie in ihr Schuhgeschäft. Abends sind sie beide zu müde.

Ich höre, dass es Probleme an der griechischen Grenze gibt. Die Flüchtlinge, die von MAZEDONIEN kommen, werden nicht in und durch das Land gelassen. Tausende sind ohne Obdach.

Mittwoch, 2. März
ALI winkt schon von weitem, eine junge Frau sitzt bei ihm – PEGGY, die kleine, sportliche Sozialarbeiterin, die schon seit längerer Zeit energisch Deutsch mit ihm lernt. Jetzt möchten er und sein Freund noch mit mir in die Galerie gehen.

Im Mosaiksaal sind gerade die TANKMANS aufgereiht, diese winzigen jadegrünen Figürchen aus der Installation des Künstlers FERNANDO SÀNCHEZ CASTILLO mit dem

Titel MADE IN CHINA. Die beiden haben von den Ereignissen auf dem »Platz des Himmlischen Friedens« in Peking 1989 gehört. Ali versteht alles und erläutert es seinem Freund. So vergeht eine Stunde, doch dann wollen sie noch mit mir reden und mich einladen in das Pakistan-Restaurant, in dem der Freund als Barmann arbeitet, in der Pennricher Straße. Ich verspreche, einmal zu kommen.

Ali erzählt, dass auch er bald Arbeit finden will, aber sein Ziel ist Istanbul, wo er schon drei Jahre lang in einer Taschenfabrikation gearbeitet hat, er wäre dort sehr willkommen. Dann sagen sie noch, dass sie eigentlich schon gehen wollten, aber wenn zwei Lehrerinnen für sie da sind, dann ist das ausgeschlossen.

Im Festspielhaus in Hellerau finden auch Veranstaltungen statt, die für Ausländer geeignet sind. Das denke ich jedenfalls und frage in der KULTURLOGE an, einem Angebot für Flüchtlinge, ob ich auch dort kostenlos Karten bekommen kann. Ich möchte etwas für Ali und seinen Freund finden. Mir fällt das neue Programm von DEREVO, der russischen Tanzgruppe in Hellerau, ins Auge. Und ich bestelle drei Karten für Gründonnerstag.

Am 21. März erinnere ich ALI daran, dass wir am Donnerstag zusammen nach Hellerau fahren, es sieht so aus, als ob er Bescheid wüsste.

Nun ist Gründonnerstag, der 24. März. Mit ALI habe ich mich am Albertplatz verabredet, er kommt zehn Minuten früher, mit seinem Freund. Wir fahren nach Hellerau zum Festspielhaus, ich kann hier die Tickets in Empfang nehmen, die Vorstellung ist total ausverkauft.

Wir haben noch Zeit, aber trinken wollen meine Gäste nichts, sie wollen sich von mir nichts bezahlen lassen. Ali trifft eine ihm bekannte deutsche Familie, und ich bin froh, dass er auf diese Weise das Interesse der Dresdner an DEREVO spürt.

Der Spuk beginnt um 20 Uhr mit einer Höllenmusik, Spektakel, Rauch und Nebelschwaden, Feuer, Wasser, Schneetreiben – alles wird aufgeboten. Als sich ein nackter

Mann wie ein Tier im Zirkusrund herumwälzt, beobachte ich sehr beunruhigt die Mienen der Freunde, aber für die beiden ist das offenbar kein Problem. Die tänzerischen und artistischen Leistungen der Company, vor allem ihres Leiters Anton Adassinsky aus St. Petersburg, sind atemberaubend, für Nichteingeweihte aber chaotisch. Streckenweise bin ich ratlos und etwas genervt, meine Begleiter gähnen verstohlen, denn sie sind um sechs Uhr aufgestanden, um in die Schule zu gehen; seither waren sie nicht zu Hause. Sie spenden wie alle anderen viel Applaus und haben dann noch einen weiten Heimweg.

Am Albertlatz frage ich Ali, ob er weiß, wie er fahren muss. »Ich weiß alles«, sagt er.

Mir fällt ein »Rucksack« von den Schultern, als ich meine Straße entlang nach Hause laufe.

Ich sehe ALI natürlich noch öfter, wenn er mit PEGGY lernt. Und ich frage sie, was er vorhat, ob er tatsächlich wieder in die Türkei zu den Taschen gehen will. »Nein, nein«, sagt sie, Ali wird ab August 2017 einen Ausbildungsvertrag für das Fach SYSTEMGASTRONOMIE haben. Was das ist, wissen wir beide nicht, aber ich freue mich für ihn. Eine Ausbildung bekommt nur, wer mindestens den Sprachabschluss B2 geschafft hat. Das bedeutet, eine Hürde übersprungen zu haben, die nur wenige in so kurzer Zeit schaffen.

An dieser Stelle nehme ich die Chronologie meines Tagebuchs wieder auf und gehe zurück zu dem Ereignis, das meiner Geschichte keine Wendung, aber einen neuen Inhalt geben wird.

Kapitel 5
Yakoop ist angekommen

> *»… da machte sich Jakob auf und lud seine Kinder und Frauen auf die Kamele und führte weg all sein Vieh und all seine Habe …«*[14]
>
> 1. MOSE, 31.17

Dienstag, 15. März

Ohne jede Vorstellung, wer heute meinen Tisch füllen wird, gehe ich zum Unterricht.

Das Wort trifft längst nicht mehr zu, denn die Nachmittagsstunden werden meist im Gespräch verbracht, in einer Unterhaltung, die von uns Sprachkundlern in Gang gesetzt wird und sich dann verselbständigt. Da stehen zwei Männer vor mir, die ich auffordere, Platz zu nehmen.

Beide sind Syrer, der ältere von vierzig Jahren hat seine Frau und die beiden jüngsten Kinder zurückgelassen, sein siebzehnjähriger Sohn OMAR wohnt bei ihm. NASRELDIN ist schon seit zwei Jahren in Dresden und erwartet bald die Einreise seiner Familie mit einem Visum. Er spricht gut, wenn auch noch etwas gebrochen, aber versteht offenbar alles, was ich sage.

Der Jüngere ist dreiunddreißig Jahre, er heißt YAKOOP ALHOSSIN. Was ich erst später erfahren werde, er ist ebenfalls verheiratet mit einer zehn Jahre jüngeren Frau, die er bei seinen Eltern in Syrien zurücklassen musste. Sie hat im Juli 2015 ein Mädchen geboren, das er noch nicht kennt. Yakoop kommt mit dem Fahrrad, das ihm jemand geschenkt hat, Nasreldin hatte auch eines, aber es wurde ihm gestohlen, wie er sagt.

Mittwoch, 16. März

Wegen eines sogenannten Events im Lichthof sind festlich gedeckte Tische aufgestellt, wir dürfen hier nicht bleiben, haben aber Erlaubnis, in der HOCHSCHULE FÜR BILDENDE KÜNSTE auf der Brühlschen Terrasse die Kantine zu belegen.

NASRELDIN und YAKOOP sind wieder da. Als ich sie frage, ob wir in die Galerie gehen wollen, sind sie sofort einverstanden. Ich führe sie durch die Dresdner Romantik, beginne bei Ludwig Richter. Yakoop versteht noch nicht so viel, er hat einen Schreibblock dabei, ich soll ihm einzelne Worte aufschreiben. Vor dem BRAUTZUG IM FRÜHLING stehen wir lange, und sie haben Spaß daran, alle Tiere aufzufinden. Zuletzt entdecken sie das Eichhörnchen auf einer Eiche, das hatte ich selbst nach zwanzig Jahren Arbeit in dieser Galerie noch nicht gesehen. Als nächstes nenne ich ihnen die Bäume im deutschen Wald.

Vor dem KREUZ IM GEBIRGE von Caspar David Friedrich verstehen sie sogar, was ich mit einfachen Worten über Friedrichs Naturreligion sage. Unweigerlich kommen wir auf den KORAN zu sprechen und auf den Krieg der ISIS. Nach 90 Minuten bin ich ausgelaugt; wie mag es erst den Männern gehen?

Donnerstag, 17. März

Bei einem Treffen mit Pirnaer Freunden, es handelt sich ausschließlich um Rentner, kommen wir um die Flüchtlingsdebatte nicht herum. Es geht um Angela Merkels Politik und ihren berühmten Satz »Wir schaffen das«. Sobald ich ein wenig »aus der Schule« plaudere, stoße ich auf Ablehnung. »Du solltest die Kerle da auf dem Sonnenstein sitzen sehen, wie sie mit ihren Handys spielen.« »Es sind die billigsten Geräte« entgegne ich und sage, dass es damit kaum möglich ist, Kontakt zu ihren Familien aufzunehmen, mit ihren Frauen und Kindern zu sprechen. Sie versuchen es aber immer wieder.

Bei allem Respekt vor meiner Arbeit höre ich immer wieder die Frage: »Wohin soll das führen? Wir können doch nicht allen, die hierher kommen, eine Bleibe bieten.«

»Warum nicht?« frage ich. »Habt ihr denn an irgendeiner

Stelle schon einen Mangel empfunden, seit die Flüchtlinge hier sind?« Die Antworten sind Fernsehweisheiten, die seien für sie die Wirklichkeit. Ein lieber Freund nimmt mich zum Abschied in den Arm und räumt ein: »Ich wünschte mir, dass ich schief liege und nicht du.«

Nochmals fällt mir der ZEIT-Artikel von Richard David Precht ein. »*Tatsächlich leben wir längst in einer Universalkultur, in der es nun wirklich nicht darauf ankommt, ob ein Syrer oder ein Deutscher digitales Spielzeug bedient, das in den USA erfunden, in Korea vermarktet, von chinesischen Kindern zusammengeschraubt und mit seltenen Erden bestückt wurde, die ein hungernder Hilfsarbeiter im Kongo aus der Erde gegraben hat. An alldem haben Deutsche entweder Gefallen gefunden oder es zumindest als ökonomisches Naturgesetz akzeptiert.*

Warum akzeptieren wir nicht mit demselben Gleichmut die Flüchtlinge? Weil sie nicht glitzern? Weil sie nicht Glück, Spaß und ein bequemes Leben versprechen? Die Flüchtlinge nehmen uns nichts weg, was wir nicht ohnehin verloren haben und weiter verlieren.«[15]

Freitag, den 18. März

YAKOOP kommt täglich vom Unterricht in der INLINGUA-Schule, er hat sein Lehrbuch für B1 mitgebracht, nächste Woche hat er einen Test zu bestehen. Ich möchte mit ihm alleine lernen und bitte ihn in das Museumscafé. Den Espresso, den ich ihm hole, will er bezahlen, was ich aber nicht dulde. Gestern hatte ich ihm eine Münze für das Schließfach gegeben, er war eher gegangen als ich, und heute gibt er mir die Münze zurück.

Wir lernen 90 Minuten sehr intensiv. Am Ende erzählt er mir, so gut er es kann, die ganze JAKOB-Geschichte aus dem ERSTEN BUCH MOSE.

Montag, 21. März

Swantje, eine Sozialarbeiterin, hatte mich um eine Führung mit sechs Syrern gebeten, es wären ihre Schüler, die mich sehr gut verstehen würden. Wir gehen eine Stunde durch die Romantik.

Unten warten ALI und YAKOOP auf mich. Yakoop will immer Grammatik lernen, was ohne Frage das Langweiligste an einer Sprache ist. Aber er ist unermüdlich.

Gestern habe ich mir ein paar Seiten über Syrien und eine Landkarte ausgedruckt, da kann er mir zeigen, woher er kommt, und wir können ein bisschen über sein Land reden.

Aus dem Radio kommen Gedanken zu KARFREITAG. Was sagt der KORAN zu JESUS? Er wird fünfundzwanzig Mal in den SUREN erwähnt. Gemeinsam ist, dass er wie ALLAH als Prophet gesehen wird, aber nicht als Gottes Sohn. Auch werden seine Wunder anerkannt, aber seine Kreuzigung wird angezweifelt. Was Frieden, Moral, Familie und Nächstenliebe betrifft, so stimmen die Schriften weitgehend überein. Das habe ich in Kurzform behalten.

Natürlich ist alles viel komplizierter und gewichtiger.

Donnerstag, 24. März, Gründonnerstag

Heute sind viele Schüler und wenig Lehrer da, wir müssen uns aufteilen. Ein älterer Herr aus Dresden steht mir bei, als zu den schon anwesenden drei noch vier junge Afghanen an den Tisch kommen. Die Syrer sind von dem Zuwachs nicht begeistert, aber wir dürfen keinen zurückweisen.

Auf dem Tisch häufen sich Schoko-Hasen und -Küken. Wir sprechen gerade über die vielen Vogelarten, die es in Syrien gibt, da hebt der Herr ein Küken in die Höhe und sagt: »Das ist auch eine Vogelart«, was alle höchst amüsiert.

Es ist an der Zeit, dieses Schokoladen-Ostern als heidnischen Brauch zu erklären und die biblische Ostergeschichte zu erzählen, auch mit Stift und Papier zu untermalen. Aber die Syrer wissen schon vieles. Schließlich ist ihr Land das Ursprungsland des Christentums.

Wir werden darauf zurückkommen, wenn ich mit ihnen in Lessings »Nathan der Weise« gehen werde.

Kapitel 6
www.warumislam.de

> *»... Hat von Euch jeder seinen Ring von seinem Vater: so glaube jeder sicher seinen Ring den echten ...*
> *Und eifre jeder seiner unbestochnen von Vorurteilen freien Liebe nach ...«*[16]
>
> GOTTHOLD EPHRAIM LESSING
> IN »NATHAN DER WEISE«

Dienstag, 29. März
Ostern ist vorbei, ich treffe meine syrischen Schüler wieder. NASRELDIN bringt seinen Freund MAHMOUD mit, auch schon in seinem Alter, mit Frau, Tochter und zwei Söhnen seit fast zwei Jahren in Dresden. Der älteste Sohn wird bald mit dem Medizinstudium beginnen. Das ist die hoffnungsvolle Elite mit einem Eifer, den die Eltern nicht mehr schaffen. YAKOOP ist auch dabei, wir erledigen Hausaufgaben, bis wir dann wieder gemeinsam über Religionen sprechen. Ich sage, dass es dem christlichen Theologen erlaubt ist, das Abendmahl zu erteilen und Sünden zu vergeben. ALLAH aber und nur er – verzeiht – das ist der Unterschied, der nicht leicht zu erklären ist.

Mittwoch, 30. März
Im Lichthof werde ich schon erwartet, weil viele Schüler und wenig Lehrer da sind. Zu den Syrern gesellen sich zwei Afghanen, die noch ganz am Anfang des Lernens stehen, aber von den Fortgeschrittenen erstaunlich wohlwollend aufgenommen werden. Wir sprechen über Männerkleidung, ich habe Männermode aus einem Versandkatalog ausgeschnitten und aufgeklebt.

Zur Entspannung habe ich noch ALADIN UND DIE WUNDERLAMPE als Kinderbuch mitgebracht. Alle freuen sich, dass ich die MÄRCHEN AUS 1001 NACHT auch kenne. »Kommen Sie morgen wieder?« Was soll man darauf antworten, außer »Ja«?

In der Galerie der »Alten Meister« im Zwinger findet ein Gespräch statt, zu dem ich anschließend gehe. Es geht um das Gemälde KREUZIGUNG von LUKAS CRANACH d. J., betrachtet von einer Kunsthistorikerin der Galerie und einer Kunsthistorikerin der Katholischen Akademie Dresden. Beide stehen gut im Stoff, letztere mir etwas zu katholisch.

Am Ende erlaube ich mir die Frage, was sie meinen, weshalb der Kreuzestod Christi vom KORAN nicht anerkannt wird. Die Katholikin antwortet etwas verkniffen, sie sei keine ISLAM-Forscherin. Kein Wort mehr.

Donnerstag, 31. März

So wandere ich zum dritten Mal in dieser Woche in die Nachmittagsschule, das habe ich den Märchen zu verdanken. Nein, erst wollen sie Dialoge üben, z. B. Käufer und Verkäufer, da habe ich weniger zu tun. NASRELDIN sieht schlecht aus, er habe Migräne, ist trotzdem gekommen.

Zu GEOFFREY sage ich beim Abschied: »Tomorrow, I don't be here«. »Ah, Freitag, du gehst in die Moschee!«

Auf der Straße sehe ich einen betrunkenen Ausländer torkeln und die Passanten anpöbeln, auch mich. Es ist das erste Mal, dass ich es erlebe.

In meiner Buchhandlung sehe ich nach Lektüre über Syrien, ich möchte etwas über das Land erfahren. SYRIEN VERSTEHEN von Gerhard Schweizer, ohne Bilder, erscheint mir als das richtige.[17]

Dienstag, 5. April

Wieder sind die Lehrer knapp, ein Einzelunterricht ist kaum zu vertreten, zumal an unseren Tisch zwei Neulinge gekommen sind. Es sind PAKISTANER, beide 42, mit falschen Goldringen geschmückt, aber Deutsch können sie überhaupt noch nicht. Mit schlechtem Gewissen bringe ich sie an einen Anfängertisch, die Syrer danken es mir. Sie haben schon spezielle Fragen, u. a. zeigt mir YAKOOP einen Antrag, den er im Februar an das JOBCENTER gerichtet hat. Es geht um die Erstausstattung seines Zimmers in GORBITZ, einem Neubaugebiet außerhalb von Dresden, es ist noch immer leer. Auf meine Frage, wie er denn so leben kann, sagt er, er müsse alles von NASRELDIN benutzen, der im Nebenzimmer wohnt. Was das für ein Leben ist, wage ich mir nicht vorzustellen. Wir schicken ihn gleich los ins Jobcenter, um nachzufragen. Warum bin ich nicht mitgegangen, frage ich mich hinterher.

Donnerstag, 7. April

Heute kommt ABDULLAH an meinen Tisch. Das ist ein kleiner, sehr lebendiger und sehr hübscher Mann aus Afghanistan. Er ist sich seiner Kenntnisse ziemlich bewusst, lebt angeblich schon von Übersetzungen von PASHTO (persisch) ins Englische und umgekehrt. Er sucht oft meine Nähe, wenn er das Gefühl hat, etwas profitieren zu können.

Meine Syrer sind offensichtlich nicht begeistert. Wer kann schon wissen, ob und was es überhaupt für Vorbehalte zwischen den Ländern gibt. Aber ich möchte unbeeinflusst bleiben von derartigen Ressentiments und frage, ob er auch vormittags in einen Deutschkurs geht. Nein. Das habe ich von vielen schon gehört; dieses Privileg haben zur Zeit nur Syrer. STEFAN sagt, es gäbe private Initiativen für Afghanen, und gibt mir eine Nummer. Zu ABDULLAH sage ich, ich würde mich darum kümmern.

Dienstag, 12. April

Nach kurzer Pause sind alle Syrer wieder da. Ich habe Neuigkeiten für sie. NASRELDIN, dem das Fahrrad gestohlen wurde, soll das alte Rad von meiner Tochter bekommen. Mit YAKOOP vereinbare ich einen Termin, zu dem wir gemeinsam zum JOBCENTER gehen werden.

Schließlich habe ich auch für die beiden AFGHANEN ABDULLAH und NAJIBULLAH Testbögen mitgebracht, so dass sie in einer Ecke jeder für sich die 50 Fragen beantworten können. Mit dem Ergebnis könnten sie einen Kurs bei der Volkshochschule bekommen.

Das alte, total verdreckte Rad aus dem Keller steht am Abend vor meiner Tür. Nach erster grober Reinigung führe ich es dem jungen Fahrradhändler vor, der im Haus neben mir sein Geschäft hat. Es ist viel zu machen, einschließlich neuem Sattel und Bereifung.

Bis morgen elf Uhr will er es auf eigene Kosten repariert haben, und es ist bereits später Abend. War es als Gegengabe gedacht, oder ist es Zufall, dass NASRELDIN mir heute eine Broschüre in die Hand drückt, die er aus seiner Moschee mitgebracht hat? Sie heißt MUSLIM UND CHRIST IM DIALOG, einen Autor gibt sie nicht an, nur einen Hinweis auf eine Internetseite *www.warumislam.de*. Am Ende dieser auf den ersten Blick unerfreulichen Lektüre steht ein Haftungsausschluss: *Durch dieses Werk soll versucht werden, dem Leser auf bestmögliche Art und Weise authentisches Wissen über den Islam zu vermitteln. Hierbei ist es unumgänglich und kann NICHT vermieden werden, dass Themen über gewisse und bestimmte Praktiken, Regelungen, Normen, etc., eines islamischen Rechtsstaates mit islamischer Gesetzgebung an- bzw. besprochen werden, welche womöglich NICHT in Einklang, gar im Widerspruch zur hiesigen Rechtsordnung stehen könnten ...*[18]

Natürlich lese ich sämtliche Kapitel, die immer wieder Stellen aus dem KORAN denen der BIBEL gegenüberstellen.

Meine Verwunderung, um es gelinde auszudrücken, möchte ich hier in Grenzen halten.

Was ich aber sagen kann, ist mein Eindruck, dass die Beweisführung, in der der ISLAM eindeutig über das CHRISTENTUM gestellt wird, auf einem Niveau stattfindet, das mich in keiner Weise überzeugt und mir schließlich das Weiterlesen verleidet.

Dass in dieser Lesart einzig und allein die Religion des Islam und ihre Lehre im Koran als wahrer Gottesbeweis zu verstehen ist, ist verdrießlich, aber eine Auseinandersetzung über Glaubensfragen ist nicht die Aufgabe unseres Projekts. Es wird schwer sein, NASRELDIN davon zu überzeugen. Er sagte mir einmal, er akzeptiere jeden Christen, habe auch einen christlichen Freund.

Mittwoch, der 13. April

Ein Fahrrad und ein Händler sind in unserem Falle weit entfernt von jeder konfessionellen Bindung, das ist ein Glück, denn um elf Uhr steht das fertige Fahrrad für NASRELDIN vor meinem Haus. Er ist gekommen, und die Übergabe erfolgt mit einem warmen Händedruck, das genügt offensichtlich den beiden Männern, und sie wissen beide, welche Mühe sich hinter der freundlichen Geste verbirgt.

Am Nachmittag kommen die Syrer zu Dritt, sie haben IBRAHIM mitgebracht, der wohnt in der St. Petersburger Straße, früher hieß sie die Leningrader. Da habe ich ein sehr willkommenes Thema, denn keiner der Drei weiß, weshalb die Straße so heißt.

Die kleine Geschichtsstunde beginnt mit dem russischen Zarenreich und Peter dem Großen, geht über die Oktoberrevolution zu Lenin über und endet schließlich bei 1989 und den Folgen für das kommunistische Weltsystem. Erstaunlich wenig wissen die Araber dazu.

NASRELDIN trägt in seinem Rucksack einen Klumpen, der so groß sein mag wie der Goldklumpen von »Hans im Glück.« Er reicht ihn mir zum Abschied mit den Worten »Guten Appetit!« Es ist ein gefrorener FALAFFEL-Klumpen.

Für den Fahrradhändler und seine beiden Mitstreiter backe ich einen Kuchen.

Dienstag, 19. April

YAKOOPS Entwicklung ist erfreulich, ich kann vieles mit ihm besprechen, d. h., er versteht viel mehr als er sprechen kann. Heute haben wir beschlossen, gemeinsam zur AGENTUR FÜR ARBEIT zu fahren, er mit Rad, ich mit Bus, um sich nach seinem Antrag für Erstausstattung, den er im Februar gestellt hat, zu erkundigen. Wie ein treuer Mann begleitet er mich zur Haltestelle und erklärt mir, mit welchem Bus ich wie weit fahren muss.

Im JOBCENTER steht eine Menschenschlange, die auf Nummern wartet. Nach 40 Minuten Wartezeit sitzen wir vor einer recht angenehmen Frau. Sie bestätigt uns, dass der Antrag auf Erstausstattung von Yakoops Wohnung ungewöhnlich lange unbeantwortet geblieben ist.

Sie will sich darum kümmern, und ich habe das Gefühl, dass jetzt etwas geschieht. Man müsste eben viel öfter mitgehen zu den Ämtern. Es ist ja schon geschehen, dass eine Beamtin zu einem Flüchtling gesagt hat: »Lernt erst einmal Deutsch und kommt dann wieder!«

Donnerstag, 21. April

Zu mir und YAKOOP gesellen sich heute noch zwei Neulinge, einer aus PERU, der andere aus MYANMAR (Burma). Beide können so gut wie kein Deutsch, aber Englisch.

Der Peruaner erzählt mir, dass die Kolonien in Lateinamerika fast alle spanisch sind, das wusste ich schon, die Landessprache ist also Spanisch. Er hat lange auf den Balearen und auf den Kanarischen Inseln als Koch gearbeitet, da wo eben viele deutsche Touristen sind. Hier kann er nur als Wirtschaftsflüchtling gelten, aber er will sein Glück versuchen. Der andere, bildschöne junge Mann erzählt, dass seine Familie, Eltern und Geschwister, nach BANGLADESH geflohen sind, weil die BUDDHISTEN in Burma grausam gegen Muslime vorgehen.

Er heißt OMAN und ist nach Deutschland gekommen, um Geld zu verdienen, dass er dann seiner Familie schicken will. Auch er spricht fließend Englisch, was ihm aber nicht helfen wird, hier zu leben.

Freitag, 22. April

Obwohl es Freitag ist, radle ich noch mal zum Albertinum, das Rad findet den Weg schon fast allein, und siehe da, auch YAKOOP kommt wider Erwarten mit dem Rad daher. Ich möchte ihm das Wort »zufällig« erklären, was mir schwer fällt. Da sagt er mit seinem diesseitigen Sinn (obwohl er gerade vom Freitagsgebet kommt): »Aha, ohne Plan«. Das trifft den Nagel auf den Kopf. Wir ziehen uns in einen Seitenraum zurück, aber OMAN findet uns, YAKOOP ist mit einem gemeinsamen Gespräch einverstanden. Er hatte mir gerade den Gebetskalender erklärt, nach dem die fünf Gebetszeiten festgelegt sind, sich aber täglich nach dem Stand der Sonne um einige Minuten verändern. Oman ist auch Muslim und kennt die Zeiten gleichfalls. Noch einmal frage ich nach seinem Land, und er zeigt uns auf seinem Handy Fotos von reihenweise Getöteten – ein Massaker gegen seine Religion. Eine andere Möglichkeit als außer Landes, nach Bangladesch oder Thailand zu gehen, gibt es nicht.

Donnerstag, 28. April
Ein paar Tage habe ich wegen einer Reise »die Schule geschwänzt«, tatsächlich habe ich schon so etwas wie schlechtes Gewissen. Mit den Syrern habe ich ein schönes Dreiergespräch, sie berichten mir von der Korruption in ihrem Land, von den Gelder verprassenden Diktatoren und ihren Familien, vor allem in den EMIRATEN (Dubai) und von den Zuständen in ihrem Land, wo kaum ein Gesetz, nur noch das Geld regiert. Zum Beispiel braucht man keinen Führerschein, wenn man, um mit dem Auto fahren zu dürfen, bezahlt.

JAKOOP hat ein kleines Geschenk für mich: DIE FRAU IM ISLAM; auf der Broschüre ist eine Perle in einer Muschel abgebildet.

Wir müssen heute nochmals zusammen ins JOBCENTER gehen, denn alle meine Versuche, telefonisch etwas zu klären, scheitern an der unerbittlichen Bürokratie. Ohne YAKOOP brauche ich eine schriftliche Vollmacht, die ich vorlegen kann, und am Telefon dürfe man mir überhaupt nichts sagen. Helfen ist durchaus nicht so leicht, wie ich dachte, auch wenn es einen halben Tag meiner Zeit kostet.

Sonnabend, 30. April
Zwei Konzertkarten für HELLERAU habe ich von der KULTURLOGE bekommen.

ABDULLAH hat abgesagt und weil ich keinen Ersatz mehr finde, gehe ich mit NAJIBULLAH allein. Um 20 Uhr beginnt es, ich habe ihn für 19 Uhr zum Albertplatz bestellt. Wie werden wir beide das erleben? Ist es für einen jungen Mann im Alter meines Enkels nicht ein bisschen peinlich, mit der Großmutter auszugehen?

NAJI ist pünktlich zur Stelle, und augenblicklich sind alle meine Bedenken zerstreut. Er ist ganz locker und unkompliziert.

Das Festspielhaus ist voller Menschen, es ist ausverkauft. Ich treffe Bekannte, die ich begrüße. »Ich bin NAJI« sagt mein Begleiter und gibt allen die Hand.

Noch bis heute gingen die Nachrichten durch Rundfunk und Presse, dass die türkische Regierung sich heftig gegen dieses Konzert wehrt, weil AGHET-AGIT = KATASTROPHE UND KLAGELIED, den Völkermord an den Armeniern im Jahre 1915 zum Thema hat.

Die Türken, die im osmanischen Reich von den christlichen Armeniern den Übertritt zum Islam verlangten, bekennen sich bis heute nicht zu dieser Tat und wollen das Konzert von deutschen, türkischen und armenischen Musikern verbieten. Aber die Dresdner Sinfoniker lassen sich nicht stören, das Konzert findet statt. Die Komposition von HELMUT OEHRING ist großartig, der Applaus gewaltig. NAJIBULLAH hat noch nie ein europäisches Konzert erlebt, er ist sehr beeindruckt.

Da ich im Anschluss an der Haltestelle mit der Landeskorrespondentin vom MDR spreche, setzt sich Naji etwas abseits auf eine Bank und nimmt einen Joint. Es war ein sehr langer Tag für ihn.

Spät abends ruft ein Freund aus Freital an, die Ausschreitungen von der rechten Szene ähneln einem Kriegszustand, berichtet er. Wenn er protestiert, bekommt er Drohbriefe.

Dienstag, 3. Mai
Im Marie-Curie-Gymnasium sind wir heute zu einem geselligen Nachmittag ohne Unterricht eingeladen. Die Schülerinnen haben leckere Kuchen gebacken und schenken dazu Getränke aus. Von den ausländischen Lernenden werden kleine Statements als Proben ihrer Deutschkenntnisse vorgetragen.

Mittwoch, 4. Mai
Ein junger Mann kommt ins Albertinum und stellt sich als Fotoreporter aus Hannover vor.

Er möchte einen Film über ehrenamtliche Flüchtlingsarbeit machen und bittet, fotografieren zu dürfen. Wir führen lustige Dialoge, um fröhliche Gesichter zu zeigen, verkrampfen uns dabei etwas, weil es so lange dauert und wir immer in die Kamera schauen sollen. Eigentlich stört es sehr, und von einem Film haben wir nie etwas gesehen.

Freitag, 6. Mai
Ich sehe noch einmal in meinen Band von Gotthold Ephraim Lessing, in NATHAN DER WEISE. Habe kein so gutes Gefühl, wenn ich an den Abend denke. Die Aufführung ist im KLEINEN HAUS des Dresdner Staatsschauspiels. Es sind drei Syrer, die ich erwarte: YAKOOP, NASRELDIN und OMAR, sein Sohn. Aber werden sie etwas verstehen? Pünktlich sind sie da, es ist ein ausverkauftes Haus.

Mehr als zwei Stunden Aufmerksamkeit mit englischen und arabischen Texten über der Bühne. Werden sie durchhalten? Die Aufführung ist hervorragend. In der Pause dulde ich kein übliches Herumdrücken um die Bar, ich hole einfach vier Fläschchen Cola für alle und sage VON GOTT. Nach dem Stück gefragt, sagen sie, sie glauben alles zu verstehen, lesen die arabischen Übertitel.

In einem vorbereitenden Gespräch hatte ich die Tatsache erwähnt, dass der SULTAN SALADIN, dem Lessing in seinem Schauspiel »Nathan der Weise« ein Denkmal setzt, aus Syrien stammte, dem Ursprungsland des Christentums und dass der 1193 Verstorbene in der OMAYADENMOSCHEE in DAMASKUS beigesetzt ist. Das wussten sie noch nicht.

Dienstag, 10. Mai

Zu YAKOOP und NASRELDIN ist noch IBRAHIM gekommen. Ich kenne ihn schon ein wenig, er ist 38 Jahre alt, ledig und sympathisch. Heute riecht er deutlich nach Alkohol.

Ich habe Substantive mit dem männlichen Artikel DER zusammengestellt. Aus der mehrfachen Bedeutung der Wörter ergeben sich interessante Gespräche, und darum geht es uns allen an jedem Nachmittag.

Mit den drei Unentwegten habe ich heute ein kleines Diktat geschrieben, ungefähr sieben Sätze zu ihrem Erfolg beim Deutschlernen, etwas ermutigend. Die Fehler sind erstaunlich gering.

Freitag, 13. Mai

Die Drei möchte ich wiedertreffen, aber es ist niemand da.

Beinahe schon im Gehen, heftet sich ein siebzehnjähriger Pakistaner, wieder ein ALI an meine Fersen, er war auch schon an meinem Tisch. Unverzüglich spüre ich nicht nur Mitleid, sondern meine eigentliche Aufgabe: dem zu helfen, der Hilfe braucht.

Treuherzig und eifrig breitet dieser junge Mensch eine Kopie von einem Fahrradmodell vor mir aus und beginnt alles herzusagen: Rad, Speiche, Nabe, Pumpe… Er ist tagsüber in einer Fahrradwerkstatt zum Lernen und Helfen; pro Stunde bekommt er einen Euro. Er ist so eifrig, dass es mich rührt. Ich frage ihn noch nach seinen häuslichen Verhältnissen als Minderjähriger. Er wohnt mit seinem kranken, 31-jährigen Onkel in einem Zimmer. Am Kopf und am Herz, bedeutet er mir, der Onkel könne nicht schlafen. Geflüchtet sei er, ALI, allein. Er hat ein schönes Gesicht mit klaren, bittenden Augen.

Kapitel 7
Tranbar

»Wer das Rechte tut und gläubig ist, sei es Mann oder Frau, dem werden wir ein gutes Leben geben. Und wir werden ihn nach seinen besten Werken belohnen«[19]

SURA AN-NAHL (16) VERS 97

Es gibt noch eine Neuigkeit und ein Rätsel: YAKOOP ist verheiratet. Und was ist TRANBAR? Ja, es überrascht mich, ich wusste es nicht. »Warum hast du mir das nicht gesagt?« »Du hast mich nicht gefragt« sagt YAKOOP. Stimmt, das habe ich nicht, nur immer gedacht: er muss eine gute Frau bekommen. Jetzt erfahre ich auch, dass seine Frau schwanger war, als er auf die Flucht gegangen ist. So hat er die Geburt seines ersten Kindes, eines Mädchens, nicht erlebt.

Und nun wartet er sehnsüchtig darauf, dass Dresden einem Visum zustimmt, das dann die Botschaft im LIBANON ausstellt – Syrien hat keine eigene Botschaft – damit die beiden nach Deutschland kommen können.

Was ist TRANBAR? Die Frage haben mir die Syrer noch gestellt. Was TRAN ist, weiß ich, was BAR ist, weiß ich auch, aber in einem Wort? Bitte, zeigt es mir in euerm Buch. Und es entpuppt sich als TRENNBARE und UNTRENNBARE VERBEN.

Sie können sie mir auf Anhieb nennen und die Regel dazu, das kann ich nicht. Aber was sie noch nicht können, z. B. mal spontan einen netten Satz sagen wie: »Übrigens, gestern hatten wir ein schönes Fest«, oder so was ähnliches. Das ist die große Hürde, die noch zu überspringen ist.

Dienstag, 17. Mai

Heute heißt es wieder: keine Tische im Albertinum, sondern in der Kantine der Kunsthochschule. Die Abgeordnete der LINKEN Katja Kipping kommt zu uns zu einem Gespräch.

NAJIBULLAH übersetzt die englische Rede der Politikerin in FARSI, die Sprache der meisten Afghanen unter uns. Am Ende wird die Frage gestellt: Wer würde denn trotz aller Probleme hier bleiben, und wer würde in die Heimat zurückkehren wollen? Es gab nur Zustimmung zum Bleiberecht und großen Applaus.

NASRELDIN und IBRAHIM verlassen die Versammlung vorzeitig, nachdem sie mich gefragt hatten, ob sie gehen dürften. Ich habe bemerkt, dass etwas nicht stimmte.

Mittwoch, 18. Mai

NAJIBULLAH sitzt mit am Tisch, aber er wird von STEFAN kurz abgerufen. Ich frage die beiden, was ihr Problem ist. Sie sagen, sie werden nicht mit NAJI, dem Afghanen an einem Tisch sitzen, ich soll ihm das sagen. Ich wittere eine größere Auseinandersetzung und hole mir STEFAN zur Verstärkung an die Seite. Wir versuchen, den Grund der Ablehnung zu erfahren. IBRAHIM sagt nichts, er nickt nur zustimmend zu NASRELDINS Worten.

Angeblich habe NAJI gestern bei der Übersetzung vom PERSISCHEN GOLF gesprochen, es hieße aber ARABISCHER GOLF. Das sei SHIITISCHES Gedankengut, für die SYRER, die SUNNITEN sind, offenbar ein Riesenproblem. Mit solchen Leuten wollen sie nichts zu tun haben. Stefan sagt den schwerwiegenden Satz, das sei rassistisches Gedankengut und das wollen wir hier nicht haben. Im weiteren bemühen wir uns beide gemeinsam um ein Plädoyer für unser Land mit all seiner schuldbeladenen Vergangenheit, mit Nationalismus und Rassenhass und dem schwer wieder gewonnenen Ansehen in der Welt, das wir nicht wieder verlieren wollen. Wir sprechen eindringlich und kompromisslos. Als NASRELDIN kleinlaut sagt, dann könnten sie wohl nicht mehr hierher kommen, erwidert STEFAN, ja, so sehe er das auch.

Donnerstag, 19. Mai

Mit gemischten Gefühlen gehe ich zum Lichthof. Wird hier wieder Licht sein?

Sehr wenig Tische sind besetzt, vor allem mit Lehrern. Mit »all chiefs and no Indians« begrüße ich GEOFFREY, da sagt er mir, die Truppe sei mit STEFAN in den Landtag gezogen, zur Besichtigung und einem Gespräch mit Abgeordneten. Habe zuhause bei Wikipedia sechs Seiten über den Persischen Golf ausgedruckt und dabei festgestellt, dass dieser Name der offiziell gebräuchliche, also der legitime Name ist.

Bei meinem Buchhändler habe ich mir außerdem UNGLÄUBIGES STAUNEN von NAVID KERMANI gekauft. ÜBER DAS CHRISTENTUM.[20] Das ist ein außerordentliches Buch von einem in Deutschland lebenden MUSLIM.

Dienstag, 24. Mai

Bin gespannt, was mich heute Nachmittag erwartet. Frage STEFAN nach dem MEETING.

Sieben Ausländer seien mit ihm gekommen, die Syrer waren alle dabei und haben Fragen an die Vertreter dreier Parteien gestellt.

Auch heute sind sie alle da und setzen sich mit mir an einen Tisch. Hinzu kommt noch ein junger Syrer mit Namen MOHAMMAD ALSOLEIMAN. Kein Wort mehr von der vergangenen Woche. Alle sehen strahlend aus, vor allem NASRELDIN, er ist ein wirklich schöner Mann. Gegen Ende hole ich das Scrabble-Säckchen aus der Tasche, um Worte zu legen, was ihnen viel Spaß macht.

Mittwoch, 25. Mai

Wir sind im Marie-Curie-Gymnasium. Ein Mädchen kommt an unseren Tisch, sie hat einen Rhabarberkuchen gebacken und verteilt kleine Stücke.

Als ich sage, dass ich zum Thema PERSISCHER GOLF das Internet befragt habe, scheint das die Gemüter kaum noch zu bewegen, nichts mehr von aggressiver oder rassistischer Haltung. Offenbar gehört auch das zu ihrer Mentalität, schnell erhitzt, aber auch schnell wieder abgekühlt zu sein.

NASRELDIN ist heute grau im Gesicht und hat dunkle Schatten unter den Augen. »Was ist los?« frage ich. Er holt einen Brief aus der Tasche, der sich als harmlos herausstellt; es ist ein WIEDERBEWILLIGUNGSANTRAG für Geld vom JOBCENTER. Das Wort kann Angst machen, wenn man es nicht versteht. Aber es ist auch ein Migräneanfall, wie er mir gesteht. Ob ich morgen mit ihm zu FIELMANN gehen kann, er braucht dringend eine Brille.

Montag, 30. Mai

Heute treffen wir uns zu einem Wandertag in Richtung LILIENSTEIN, mit allen, die Lust dazu haben. Von den Syrern kommen YAKOOP, NASRELDIN und Sohn OMAR, sowie IBRAHIM. Bis Königstein fahren wir mit der S-Bahn, auf der anderen Elbseite beginnt der steile Aufstieg. Kurz danach klettert ein junger Afghane auf einen schräg liegenden Felsen, der feucht und glitschig ist. Nach zwei Dritteln der Höhe kommt er ins Rutschen, kann sich nicht mehr halten und stürzt rücklings krachend zu Boden. Die Freunde stellen ihn wieder auf die Beine, mit ein paar Schürfwunden kommt er langsam wieder in Gang. Natürlich hätten wir warnen müssen, wie wir auch unsere Kinder gewarnt hätten, nicht zu klettern. Auch hat ja keiner von ihnen Wanderschuhe, alle haben nur leichte Turnschuhe.

Auf dem Gipfel angekommen, wird aus den von den Helfern mitgebrachten Rucksäcken ein großes PICKNICK veranstaltet. Alle Ausländer sitzen mit dem Rücken zu der prachtvollen Aussicht, fotografieren sich gegenseitig mit dem Handy und futtern, als hätten sie tagelang nichts zu essen bekommen. Aber zuerst haben sie uns, den Begleitern, eine Schnitte geschmiert und belegt.

Donnerstag, 2. Juni

In einer E-Mail lese ich, dass die SLUB zu einem Begegnungsfest eingeladen hat. Aber YAKOOP kommt zum Lernen und dazu ZIAD ATOUMH, auch aus Syrien. Er ist ein ebenso fleißiger Schüler in einem Deutschkurs und spricht bereits sehr gut. Die Texte in seinem Kursbuch sind nicht nur schwer zu verstehen, sie sind für meine Begriffe unpassend. Braucht ein junger Mann aus Syrien wirklich das Wort HALBTAGSKINDERGARTENPLATZ oder ELTERNSCHUL - INITIATIVEN? Hilfesuchend wendet er sich um eine Erklärung an mich.

Freitag, 3. Juni

Es ist der Moscheetag für die Syrer, das weiß ich. Aber ZIAD ist da.

René, der Mann aus dem Schwarzwald, der bei den Tischen aushilft, ist sauer, als wir ihn nach seiner Meinung fragen. Es geht um den Satz: Ich habe an einem Baum gestanden. Ist das korrekt? Nein, sagt er, es heißt 1000-prozentig: Ich bin an einem Baum gestanden. Da muss ich ihm leider widersprechen, aber es ist niemand hier, der mir recht gibt. So ist das mit dem Deutschlernen eben auch. Ich sage zu ZIAD, er möge das nicht so ernst nehmen, es sei nicht so wichtig, aber als Regel könne er sich merken: »bin« heißt es bei Verben, die Bewegung, »habe« bei solchen, die Ruhe ausdrücken.

Kapitel 8
Ramadan

»Der Mensch lebt nicht vom Brot allein, sondern von einem jeden Wort, das aus dem Mund Gottes geht …«[21]

MATTHÄUS 4/4

Mittwoch, 8. Juni

Gestern waren wir Lehrer fast unter uns – es ist RAMADAN, und es stellt sich heraus, dass sich doch Viele zu dieser Fastenzeit bekennen, obwohl sie hier länger dauert als in ihrem Land, die Sonne hier später untergeht als im MORGENLAND.

Wer sitzt da einsam an seinem Tisch? Der fleißige YAKOOP – »wie lange habe ich dich nicht gesehen, ich habe Sehnsucht«. Er lacht über das ganze schöne Gesicht, denn das Wort versteht er. Wie geht es den anderen? Ja, sie erwarten den Sonnenuntergang sehnsüchtiger als den Unterricht bei mir, denke ich; der Sonnenaufgang gegen halb fünf am Morgen beendet die Erlaubnis zu essen und zu trinken dann wieder für siebzehn Stunden. Um 21.30 Uhr etwa geht erst die Sonne unter.

Aber sie lassen sich nicht verdrießen, sie beten mehrmals am Tage, um dann am späten Abend gemeinsam mit vielen anderen zu essen. Der Sinn des ganzen Zeremoniells besteht darin, während des Fastens nicht zu essen, zu trinken, zu rauchen und keine Frau zu berühren – so zu fühlen wie Menschen, die aus Armut hungern und dürsten müssen. Ich denke, dass die wahren Gläubigen das Gebot absolut einhalten, weil sie glauben, jede Übertretung würde von ihrem Gott gesehen. Dieser Glaube stärkt sie, besonders hier, jenseits der Heimat. Er ist vielleicht das einzige, was sie in der Fremde als ein Stück ihrer Identität besitzen. Was wissen wir schon darüber? Wir können nur bewundernd feststellen, dass sie auch dies noch auf sich nehmen, während Viele verständnislos den Kopf schütteln und sagen, wie sinnlos und wie ungesund dieses Fasten sei, weil sie selbst es nicht fertig brächten.

Müde sieht YAKOOP aus, aber die Hausaufgaben soll ich mit ihm Punkt für Punkt durchgehen, so unerquicklich sie auch sind. Es geht um eine Biografie von Ludwig van Beethoven, wobei ich nichts gegen diesen großen Mann gesagt haben will. Aber was sagt es einem Syrer, wenn es da heißt: die Biografie ist lückenhaft, es ist nur bekannt, wann er getauft, nicht wann er geboren ist.

Den Lehrbuchautoren geht es aber nur um die grammatischen Regeln. Die Verben sollen ins Präteritum gesetzt werden, den Sinn des Textes müssen sie nicht erfassen.

Ich habe Yakoop heute gefragt, ob er ein Foto von Frau und Tochter habe. Er hat es mir auf dem Handy, aber nur kurz gezeigt. Ich glaube, es tut ihm weh.

Dienstag, 14. Juni

In der Pressekonferenz zur Buchpremiere PEGIDA. WARNSIGNALE AUS DRESDEN sind die Autoren anwesend und sprechen zu dem Thema. Als Fazit werden drei Gründe genannt: ANGST, NEID, ABLEHNUNG DES ISLAM. In den 25 Jahren seit der politischen Wende in Deutschland hätten sie nicht teilgehabt am wirtschaftlichen Aufschwung und hätten das Vertrauen verloren, heißt es in der Begründung.

Warum gerade in Dresden? Weil es eine schöne, perfekte Bühne ist, heute wie früher.

Diese Stadt soll nun auch für Flüchtlinge Heimat werden. Wie viel darf man abgeben? Hätte der HEILIGE MARTIN den ganzen Mantel abgegeben, wäre er dann nicht erfroren? Das sind ernste Fragen, die bei PEGIDA eine Plattform finden.

Dienstag, 21. Juni

STEFAN gibt zu bedenken, dass sich die Situation an den ABC-Tischen ändern wird. Viele, die täglich zu uns kommen, haben einen Stand erreicht, der das Niveau von Anfängern weit übersteigt. Sie werden zu Berufsausbildung und Studium wechseln, das zeichnet sich schon ab. Außerdem ist die Zahl der neu eintreffenden Flüchtlinge deutlich gesunken.

Für mich wird sich nicht viel ändern, weil ich weiterhin mit YAKOOP und NASRELDIN lernen werde – eine Aufgabe für Jahre, denn wenn in absehbarer Zeit ihre Familien nachkommen, dann muss auch den Frauen geholfen werden.

YAKOOP, der einzige, der trotz Ramadan weiter vormittags zur Schule geht und am Nachmittag mit seinen Aufgaben zu mir kommt, ist unermüdlich im Lernen. Er hat heute wieder so schwierige und wie ich finde, sinnlose Aufgaben, die wir gemeinsam durchziehen. Es geht um eine Geschichte mit LEIHGROSSMÜTTERN – wie soll ich das einem jungen Mann erklären, der selig wäre, wenn er sein junges Weib mit Kind hier hätte; das Wort »Großmutter« spielt in seinem Wortschatz zur Zeit keine Rolle.

Heute Abend ist die Filmpremiere von ALEPPO-LEIPZG im Programmkino Ost. Ich hatte mich um Freikarten bemüht und frage Yakoop, ob er mit seinem Freund mitkommt. Über eine Absage wäre ich nicht böse gewesen, mein Tag war lang, und das Kino ist weit weg. Aber sie kommen. Der Freund, mit dem er zusammen nach Deutschland gekommen ist, spricht fließend Deutsch, er meint mit liebevollem Blick auf Yakoop, er würde beim Sprechen noch viele Fehler machen. Yakoop sagt, der Freund hätte eine deutsche Freundin und könne mit ihr 24 Stunden sprechen. Aber er sagt es ohne Neid.

Im Anschluss an die bestürzenden Bilder von den Straßenkämpfen in Aleppo gibt es noch ein Gespräch mit dem Regisseur und den beiden Frauen, Mutter und Tochter, die von Aleppo nach Leipzig geflüchtet sind.

Auf die Frage, ob sie in ihre Heimat Syrien zurückkehren wollen, sagt die Tochter, die bereits ein Studium in Leipzig angefangen hat, für sie käme das nicht mehr in Frage. Die Mutter, eine charmante, sympathische Frau, sagt auf Arabisch, sie wolle auf jeden Fall zurück in die Heimat und sei es nur zum Sterben. Sie sieht sich der Sprache sowie den deutschen Werten gegenüber ziemlich hilflos.

Freitag, 24. Juni
Matt von der großen Hitze über 30° und heißem Monsun, überschaue ich die Tische und möchte umkehren, weil mein Eleve nicht anwesend ist. »Da bin ich« sagt er strahlend. Er hatte heute einen schriftlichen Test, von 100 Punkten bekam er 61. Das finde ich gut.

Anstelle von Aufgaben legt er mir mehrere Behördenbriefe auf den Tisch, mit denen ich mehr Probleme habe als mit deutscher Grammatik. Da ich auch nur die Hälfte verstehe, Yakoop so gut wie nichts, beschließen wir, gemeinsam zum JOBCENTER zu gehen. Wir haben demnächst Zeit dazu, denn wegen eines Tanzprojekts im Lichthof sind wir dort für Wochen ausquartiert. Aber wir werden ein neues Domizil im STADTMUSEUM haben.

Mittwoch, 29. Juni
Seit Tagen schon ist Yakoops Fahrrad kaputt, er kommt mit dem Rad von seinem Freund. Heute bringt er mir ein Foto von dem Schaden, ich will es meinen Händler zeigen. Wir radeln gemeinsam dahin, der Chef sagt: »bring's her.« Er will aus seinem Fundus Ersatzteile suchen und das Rad wieder ohne Kosten reparieren.

Donnerstag, 30. Juni
Wir wollen heute zur AUSLÄNDERBEHÖRDE gehen. YAKOOP hatte mit dem Erhalt des Bleiberechts vor sechs Monaten einen Pass bekommen, der verlängert werden muss. Außerdem geht es um eine VORABZULASSUNG, die angeblich eine schnellere Einreise der Familie ermöglichen könnte. Als wir gerade aufbrechen wollen, kommt GEOFFREY an unseren Tisch und bittet mich um Hilfe. Bei ihm ist ein junger Mann aus dem IRAK aufgetaucht, er ist approbierter Arzt und schon ein Jahr in Dresden. Überrascht sehe

ich einem kleinen, schönen Mann in blütenweißem Hemd entgegen. Sein Problem ist, dass er keine Arbeitserlaubnis bekommt. Geoffrey sagt, der Mann könne viel besser Deutsch als er selbst, deshalb möge ich mich mit ihm unterhalten.

Ich biete ENAD an, mit zur Ausländerbehörde zu gehen, denn ich weiß natürlich keine Antwort.

Wir laufen über die Brühlsche Terrasse, Yakoop trägt sein Rad die Treppen hoch und runter, anstatt vorauszufahren. Mir kommt es so vor, als missfiele ihm der »Neue«, und er möchte nicht verpassen, was er mit mir redet. Dieser Gang ist anstrengend, denn er ist von einem einzigen Klagelied von Enad begleitet, das in dem Satz gipfelt, er würde hier schlechter leben als ein deutscher Hund. Wenn ich ihn um Mäßigung bitte, erregt ihn das noch mehr.

In der Ausländerbehörde müssen wir lange warten, dabei zeigt mir Enad viele Papiere, aus denen hervorgeht, dass er bereits in zwei Dresdner Krankenhäusern als Praktikant arbeiten durfte, sowohl in der Chirurgie als auch in der Dermatologie. Ich will es kurz machen. Ein geflüchteter Arzt, der gewohnt ist, in seinem Land eigenständig praktiziert zu haben, kann schwer verstehen, dass er das hier noch nicht darf. Außerdem wohnt er noch mit anderen Irakern zusammen und kann in dieser Gemeinschaft nicht schlafen. Das haben wir jedoch erreicht, er darf sich jetzt eine Wohnung suchen. Weil ihm wegen einer Arbeitserlaubnis auch nichts anderes gesagt werden kann, beschließe ich, morgen auf eigene Faust etwas für ihn zu tun.

Yakoop hat geduldig gewartet, bis Enad sich verabschiedet und mir höflich für die Zeit, »die ich ihm gewidmet« hätte, gedankt hat. Dann gibt er mir ein erstaunliches Statement in seinem immer noch gebrochenen Deutsch; er sagt, auch er wohne mit anderen zusammen und habe auch noch weder Pass noch eine Aufenthaltsgenehmigung für Frau und Kind, geschweige denn eine Arbeitserlaubnis. Er versuche einfach in all der Zeit, jetzt schon ein Jahr, jeden Tag geduldig zu lernen und zu allen freundlich zu sein. Auch zu ihm seien alle freundlich und akzeptieren seine strenge Religionsausübung.

Dienstag, 5. Juli

Bei der Sekretärin vom Chefarzt der Chirurgie im Diakonissenkrankenhaus erfahre ich, dass ENAD hier bekannt ist. Sie ist bereit, die Verbindung zu einem anderen arabischen Arzt herzustellen, der ihn auch kennt. Wenig später ruft dieser mich an, um mir zu erklären, warum es für ausländische Ärzte so schwer ist, eine Arbeitserlaubnis zu bekommen und dass der allgemein angesagte Ärztemangel nicht für Dresden gilt. Er will aber helfen, gibt mir per Mail eine Adresse und ein Bewerbungsschreiben, beides soll ich Enad übermitteln.

Am Nachmittag kommen YAKOOP und NASRELDIN zu mir, sie haben am Ende des Ramadan mit vielen anderen gegessen, aber es gäbe auch Männer mit gesundheitlichen Problemen, weil sie Raucher sind und vier Wochen nicht rauchen durften.

Yakoop zeigt seine Aufgaben, die er mit mir gemacht hatte. Er hätte sie als einziger richtig gehabt, nicht einmal die Lehrerin hätte die Lösung gewusst, sie hätte aber in einem Lösungsbuch nachgeschaut.

Donnerstag, 7. Juli

YAKOOP hat einen Mittagstermin im JOBCENTER, er hatte mich gebeten, mit ihm zu gehen. Das Haus der AGENTUR FÜR ARBEIT ist riesengroß, wir werden in das Zimmer 2074 gerufen. Die Beamtin ist nicht unfreundlich, aber etwas ungeduldig, weshalb sie zu schnell spricht. Es ist nur eine Routinebefragung, ob es Veränderungen gibt und ob rechtzeitig an die Verlängerung der Aufenthaltsgenehmigung gedacht wurde.

Mit seinem B1-Abschluss bekommt er noch keinen Job vermittelt, das sagt sie ihm auch.

Sein Beruf, den er in Damaskus an der Universität studiert hat, ist Arabischlehrer, aber ihn auszuüben, ist aus mehreren

Gründen zur Zeit nicht möglich, wahrscheinlich überhaupt nicht. Was er sich denn so vorstellt, frage ich ihn, als wir wieder draußen sind.

Er erzählt mir, er hätte in den ersten drei Monaten in einem Dresdner Kindergarten geholfen, er könne sich einen Pflegeberuf für sich gut vorstellen.

Als wir später noch an den Tischen beisammen sitzen, erscheint ENAD, der meine E-Mail bekommen hat. In weinerlichem Ton wie ein verzärteltes Kind klagt er wieder: auch die Kollegen, die ich ihm vermittelt habe, könnten ihm nicht helfen.

YAKOOP sieht mich ratlos an, aber zu meiner Unterstützung kommt YAZAN, ein Syrer und studierter Pharmazeut mit Approbation. Ich kenne ihn schon von verschiedenen Begegnungen als sympathischen, fast fehlerlos sprechenden jungen Mann. Er wendet sich dem Iraker zu und versucht, ihn einfühlsam aufzubauen. Er spricht von seinen eigenen Schwierigkeiten und dass alle diese Probleme haben. Geduld haben, das sei oberstes Gebot.

Auch Yakoop muss diese Geduld mit seinem Fahrrad aufbringen; ich weiß, dass er es dringend braucht, aber im BIKE-SHOP herrscht sommerlicher Hochdruck.

Dienstag, 12. Juli

YAKOOP fürchtet sich vor der bevorstehenden Prüfung. Wir üben eine Geschichte, die er u. a. erzählen soll. Was kenne ich schon von Dresden? Dann reden wir über Fußball, das ist mit der WM gerade Thema Nr. 1. Er sagt, dass die WM 2020 im kleinsten arabischen Staat KATAR stattfinden wird. Ich sage: »da fährst du dann wieder in die Heimat«.

»Wir fahren zusammen«, sagt er.

Kapitel 9
Eine Patenschaft

»Dankbar hat immer nur der zu sein, der geben darf.« [22]

KLAUS MANN

Mittwoch, 13. Juli
In seinen Hausaufgaben soll YAKOOP angeben, in welchen Sätzen es sich um »mobbing« handelt und in welchen um »Diskriminierung«. Die Unterschiede sind schwierig zu erklären. Ich versuche es mit den Begriffen »Rasse«, »Hautfarbe«, aber auch »Religion« und »Geschlecht« als Gründe für Diskriminierung. Auch hat er sich selbst schon Gedanken dazu gemacht und fragt nach Abraham Lincoln und Nelson Mandela. Was Mobbing bedeutet, ist noch schwerer zu erklären. Sie kennen kein arabisches Wort dafür.

Freitag, 15. Juli
Wieder erschüttert ein fürchterlicher Anschlag die Welt! Zum französischen Staatsfeiertag ist ein Terrorist des IS in NIZZA mit einem LKW in eine Menschenmenge gerast, die zu einem Feuerwerk gekommen war. Vierundachtzig Menschen starben sofort, viele wurden verletzt. Der Mann, der aus Tunesien stammte, lebte in Nizza. Bevor er erschossen wurde, gestand er seine Radikalisierung. NAJIBULLAH, mit dem ich über den Anschlag sprach, sagte, er hätte keinerlei Vorbehalte gegen andere Religionen, auch nicht innerhalb des Islam. Er hat als AFGHANE noch immer keinen Deutschkurs, ich biete ihm an, zusätzlich zu den beiden Unterrichtstagen mit ihm noch am Freitag zwei Stunden zu lernen.

Montag, 18. Juli
Leider wird YAKOOPS Fahrrad auch diese Woche noch nicht fertig; der Chef ist auf der Messe, der AZUBI ist allein.

Yakoop sagt: »keine Problem«, aber für ihn ist es eines. Er ist äußerst sparsam, um seiner Frau etwas Geld nach Syrien zu schicken. Sie lebt bei seinen Eltern in einem relativ kriegssicheren Teil von Syrien. Auch ihre Eltern leben in der Nähe, so sagt er.

In den Aufgaben geht es heute um »als« oder »wie«. »Ein Sechser im Lotto ist unwahrscheinlicher als von einem Blitz getroffen zu werden.« Ist das für einen Ausländer plausibel?

Mittwoch, 20. Juli

Schon wieder hören wir von zwei Terroranschlägen. In Würzburg hat ein Achtzehnjähriger in einem Einkaufszentrum mit einer Axt auf Passanten eingeschlagen und geschossen; mit ihm fanden zwanzig Menschen den Tod. Und in München hat ein junger Deutsch-Iraner um sich geschossen. PC-Spiele der gleichen Art wie sie auch der Norweger Breivik gespielt hat, werden als ein Tatmotiv gesehen.

Freitag, 22. Juli

Das Fahrrad ist fertig, wie bin ich erleichtert. Es war sehr viel kaputt, YAKOOP fragt, was er bezahlen soll, aber es war ja vereinbart, dass es ihn nichts kosten soll.

Ich biete NAJIBULLAH an, die Stunden für YAKOOP zu teilen, um ihm die Hälfte zukommen zu lassen, weil er immer noch allein zu Hause lernt.

Das will er auf keinen Fall, dem Yakoop etwas wegnehmen, er wäre zuerst mein Schüler gewesen. Aber dieser stimmt der Teilung sofort und ohne Bedenken zu.

Donnerstag, 28. Juli

YAKOOP übt mit mir zum letzten Mal vor seiner B1-Prüfung. Er fragt, wie er sich die Reihenfolge der Farben in der Deutschland-Flagge merken könne.

Ich sage, denke zuerst an deinen Kopf, der oben ist und der schwarze Haare hat. Dann denke an dein Herz mit rotem Blut in der Mitte und zuletzt an den goldenen Ring deiner Frau an ihrem Finger.

Er lacht, nun wird er es sich merken. Heute unterschreiben wir beide –Yakoop und ich – den PATENSCHAFTSVERTRAG, den das Umweltzentrum als Nachweis der Tätigkeit und für weitere finanzielle Unterstützung braucht.

Dienstag, 2. August

YAKOOP sitzt schon in der Sonne, bei gutem Wetter können wir den Garten des Stadtmuseums nutzen. Er hat z.Zt. diesen äußerst didaktischen Integrationskurs, in dem Staatswesen, Gesetzgebung und Parteien in Deutschland gelehrt werden.

Weniger didaktisch aufbereitet erscheinen mir die Gesetze für Ausländer, z. B. diejenigen, die den Familiennachzug betreffen. In diesem Zusammenhang gehen wir anschließend zur Ausländerbehörde, um zu erfahren wie es damit steht, wann Yakoops Frau und Kind kommen dürfen. Wir ziehen die Nr. 179, aufgerufen ist gerade die Nr. 139. Nach einer Stunde sind wir an der Reihe. Der Beamte ist freundlich und sagt, Yakoop hätte gute Karten, weil seine Frau am 19. August einen Termin in der deutschen Botschaft in Beirut habe und es erfahrungsgemäss danach nicht mehr lange dauern kann mit der Einreise.

Mittwoch, 3. August

Meine Ärztin empfiehlt mir als Energiespender »ein gutes Ei mit Traubenzucker«.

Mag sein, aber meine Energie ziehe ich aus den Nachmittagen »in der Familie«, womit vor allem meine Mitstreiter gemeint sind: der GEOFFREY, der STEFAN, der PETER, die SUSANN. »Ich seh' dich gern hier sitzen.«, sagt Peter. Solche »Liebeserklärungen« können unsere ausländischen Freunde noch nicht verteilen.

Geoffrey schickt mir heute einen großen, schlanken Syrer an meinen Tisch und meint, »es könnte passen«. Dieser Mann kann fließend lesen, auch fast so sprechen, dazu perfektes Englisch. Auch nicht länger in Dresden als die meisten, hat er den Sprung geschafft.

Und dann kommt noch sein Freund YAZAN, der Apotheker dazu, ich kenne ihn schon als offenen, sympathischen und begabten Menschen.

YAKOOP wird immer stiller, während die beiden in einem deutschen Gespräch beginnen, sich ein wenig zu erheben, ihr Niveau zu genießen, vielleicht auch etwas herablassend auf uns zu schauen. Sie können es sich leisten, sie dürfen es. Ich habe keinen Anteil an ihrem Wissensstand; selbst wenn es einen Lehrer für sie gegeben hat, die größte Leistung haben sie selbst erbracht. Wie viele fleißige Stunden sind nötig, um nach einem reichlichen Jahr so gut sprechen zu können!

Bewusst erlebe ich hier das Heranwachsen einer Elite, die wir nicht fürchten müssen, es sind intelligente, kräftige Männer. Offiziell heißt es, 80 Prozent dieser Männer sind jung und kräftig. Yakoop gehört dazu, er muss nur noch selbstbewusster werden.

Donnerstag, 18. August

Bevor YAKOOP eintrifft, kommt ein junger Afghane an meinen Tisch, stellt sich als ALI AKBAR vor und fragt höflich, ob ich Zeit für ihn hätte. Er besucht keine Schule, lernt seit zehn Monaten allein, und ich habe den Eindruck, er spricht ebenso gut wie Yakoop. Als dieser dazu kommt, begrüßen sich die beiden freundlich, obwohl sie eine andere Sprache sprechen. Wir üben laut Hausaufgaben Präpositionen, die den Dativ oder den Akkusativ verlangen.

Morgen ist der 19. August; Yakoop sagt, seine Frau, sei schon unterwegs zu ihrem Termin nach Beirut.

Kapitel 10
Das Visum

»Ich glaube, daß die Ungeduld,
womit man seinem Zwecke zueilt,
die Klippe ist, woran gerade oft
die besten Menschen scheitern.«[23]

FRIEDRICH HÖLDERLIN

Dienstag, 23. August
YAKOOP berichtet, seine Frau hätte den Termin in Beirut wahrgenommen. Die weitere Wartezeit könne von einem bis zu sechs Monaten betragen. Wenn er enttäuscht ist, so verbirgt er es. Statt dessen versucht er einen Scherz. Weil ich mich für morgen bei ihnen entschuldige, fragt er mit schräg gelegtem Kopf: »warum?« Das ist die erste Übung, selbstbewusst aufzutreten.

Donnerstag, 25. August
Heute fehlen eindeutig die chiefs. PETER, der zur Zeit GEOFFREY wegen Urlaub vertritt, kommt mir händeringend entgegen. Wirklich, der ist so ein gestikulierender Typ. Aber ich lasse mich nicht aus der Ruhe bringen, nehme YAKOOP und noch den kleinen syrischen Maurer MOHAMMAD dazu, weil er auf ähnlichem Niveau spricht wie Yakoop. Das ist wichtig bei allem Helfenwollen, wenn es nicht zusammenpasst, dann hat niemand etwas davon. Drei Afghanen, die noch ganz am Anfang stehen, wollen mit uns lernen, aber ich bringe sie an einem anderen Tisch unter, auch wenn sie das nicht verstehen.

Mittwoch, 31. August
Ein Mann aus Eritrea setzt sich unaufgefordert und ohne Gruß zu mir und breitet fordernd sein Alphabet mit Bildchen vor mir aus. Ich gebe mir Mühe, ihn langsam, aber sicher

mit den Buchstaben vertraut zu machen. Als ich aber merke, dass er nicht auf die Bildchen schaut, sondern auf meinen Busen, da schicke ich ihn an einen anderen Tisch. Ich bin die Achtung und Höflichkeit der Syrer gewohnt, und bei dieser Gewohnheit möchte ich bleiben.

YAKOOP ist noch gekommen, um mir einen Arbeitsvertrag zu unterbreiten, den er schon unterschrieben hat. Er ist von einer Reinigungsfirma und bedeutet Putzen in einem Café von 4.30 bis acht Uhr täglich. Ich verstehe, dass er Geld braucht, wenn seine Familie kommt, aber er wird in der Schule einschlafen. Trotzdem will er den Job annehmen. Er schickt seiner Frau, die völlig ohne Einkommen ist, jeden Monat 150 Euro und hat doch selbst nur 350 Euro. Wenn es regnet und er nicht mit dem Fahrrad fahren kann, lernt er zu Hause, um das Fahrgeld zu sparen.

Dienstag, 6. September

YAKOOP hat endlich sein Zertifikat von der Prüfung im Sommer bekommen. Ihm fehlen zwei Punkte am »bestanden«. Das ist schade, aber nicht zu ändern, er muss B1 wiederholen, bekommt den Kurs noch einmal bezahlt, d.h. noch einmal 300 Stunden. Das erfahren wir heute im JOBCENTER, nachdem wir viel Papier ausgefüllt haben.

Freitag, 7. Oktober

Seit dem 9. September war ich wegen verschiedener Familienfeiern ständig abwesend. Heute bin ich endlich wieder zum gewohnten Treffen an den ABC-Tischen. Ich habe mich mit dem Leiter des Robert Sterl-Hauses bei Wehlen verabredet.

Er hat Geld beantragt und möchte an drei Sonnabenden eine Gruppe Ausländer mitnehmen zur Besichtigung des Hauses, zum Wandern und Kaffeetrinken. Wir planen alles und legen Listen aus.

Wieder wandere ich mit YAKOOP zur Ausländerbehörde, aber die freundliche Beamtin kann noch nichts über ein Einreisevisum für MARAM finden. Zu seiner Ungeduld gesellt sich die Sorge um Frau und Kind, die sich – bereit zur Abreise – bei einem Onkel in der Nähe von DAMASKUS einquartiert haben. Hier tobt der Krieg weiter; die ASSAD-Truppen werden von russischen Bombenflugzeugen unterstützt. Zivilbevölkerung und sogar Kliniken werden bombardiert.

Donnerstag, 13. Oktober
Ein Syrer hat in einer Wohnung in Chemnitz einen Sprengstoffanschlag auf einen Berliner Flughafen geplant. Von zwei anderen Syrern wird er gefesselt und der Polizei übergeben. Gestern hat er sich in der Gefängniszelle erhängt.

Mittwoch, 19. Oktober
Yakoop ist nicht da, wahrscheinlich, weil es regnet. Einen jungen Mann, allein an einem Tisch, frage ich, womit ich helfen kann. Er möchte sprechen, kann es bereits sehr gut. Er ist kein Flüchtling, sondern Sohn wohlhabender Eltern aus den Vereinigten Arabischen EMIRATEN. Er ist seit einem Jahr hier, hat selbständig gelernt und will Medizin studieren.

Voraussetzung wäre der Abschluss von C1, erklärt er mir, dazu ein Eignungstest mit besten Ergebnissen. Wenn es dazu kommt, dann beginnt ein Colleg-Jahr in Chemnitz, und erst nach diesem kann er das 1. Studienjahr beginnen. Für einen Ausländer sei es fast unmöglich, das zu schaffen, aber MOHAMMAD HIGAZI will es unbedingt schaffen. Das Geld seines Vaters kann ihm dabei nur bedingt nützlich sein. Er möchte reden, hat keine deutschen Freunde. Ich biete ihm eine Führung durch die Gemäldegalerie an.

Sonnabend, 29. Oktober
Heute ist es soweit, ich fahre mit 15 Ausländern in das Robert-Sterl-Haus in Nauendorf. GEOFFREY hat sie am Stadtmuseum in Empfang genommen, alle waren pünktlich da. Ich bin zum Bahnhof vorausgefahren und habe die Fahrkarten gekauft. In Wehlen holt uns Dr. Quermann ab

und bringt uns in sein Museum, das bis 1932 das Wohnhaus und das Atelier des Malers Robert Sterl war.

Die Führung durch das Haus mit vielen Bildern und Geschichten ist brillant. Danach begleitet Dr. Quermann uns zu den Rauensteinen, ein steiniger Weg bergauf, aber die Männer sind aufmerksam und reichen mir an schwierigen Stellen die Hand. Vor allem YAKOOP geht nicht von meiner Seite oder bleibt hinter mir, wenn ich das Tempo der Jungen nicht schaffe. Dort oben gibt es bei schöner Aussicht Kaffee und Kuchen.

Dienstag, 1. November

Einen ZEIT-Artikel zum SYRIENKRIEG versuche ich heute mit YAKOOP zu lesen. Er versteht eine ganze Menge, und ich merke auch, dass er gut informiert ist, sowohl über deutsche als auch über arabische Nachrichten. NAJIBULLAH fragt, ob er sich dazu setzen und mithören kann. Ohne Integrationskurs hat er Fortschritte gemacht, vor allem bei seinem kleinen Job hier an den »Tischen«.

DIE ZEIT vom 20. Oktober gibt fünf Maßnahmen an, was in SYRIEN zu tun ist.

Da heißt es: Flugverbotzonen einrichten, die Opposition bewaffnen, Sanktionen gegen Russland, aber auch Gespräche mit Russland sowie Druck ausüben auf den Iran und Saudi-Arabien.

Wir versuchen, über alle fünf Punkte zu sprechen und kommen schließlich zu dem Schluss, dass es in Syrien längst nicht mehr um den schnellen Regimewechsel, um den Sturz ASSADS geht. Auch in Moskau wird man wissen, dass der syrische Diktator nicht mehr Herr über sein eigenes Lager ist. Sein Überleben hängt von Russland sowie von den iranischen und libanesischen SCHIITEN-Milizen ab. Denn Syrien ist für Russland nicht wegen Assad wichtig, sondern wegen der eigenen Militärstützpunkte im Mittelmeer.

Mit Hilfe meiner Weltkarte lässt sich das alles noch besser erklären, aber wer versteht es wirklich?

Donnerstag, 10. November
YAKOOP hatte mich gebeten, heute mit ihm zur AUSLÄNDERBEHÖRDE zu gehen, um wieder nach dem VISUM für seine Frau zu fragen. Die Beamtin drückt ein paar Tasten, um zu verkünden, dass keine Nachricht gekommen sei, seit dem 19. August. Yakoop bleibt unbeweglich, zeigt nicht, was in ihm vorgeht. Ein Faltblatt zum FAMILIENZUZUG zeigt mir eine Adresse vom AUSWÄRTIGEN AMT Berlin mit dem Vermerk »Wir helfen gern«. Am Abend schreibe ich einen ausführlichen Brief dahin.

Dienstag, 15. November
Statt Yakoop, der wegen dem starken Regen nicht kommt, ist es MAHMOUD ALJAWABREH zu mir gekommen, ein Freund von NASRELDIN. Er ist als Vater in seiner Familie derjenige, der noch die größten Schwierigkeiten mit dem Deutschen hat. Seine Frau arbeitet als Lehrerin, und sein großer Sohn studiert bereits Medizin in Halle. Auch ohne einen reichen Vater hat es hier ein syrischer Junge geschafft. Der Vater legt mir siegesbewusst eine selbst verfasste Story hin und fragt, welche Zensur ich ihm darauf geben würde. Ich spende ihm höchstes Lob, er hat es nötig, denn in seinem Beruf als Buchhalter kann er erst arbeiten, wenn er fehlerfrei spricht.

Dienstag, 22. November
Heute winkt uns DAS PARADIES AUF ERDEN. Das ist zur Zeit eine sehr beliebte Ausstellung der Galerie Neue Meister mit Gemälden von Bruegel bis Rubens. Ein Aufruf ging an die NEUDRESDNER, am Nachmittag zu einer Führung in Arabisch und in Englisch zu kommen, ein sehr gelungener Nachmittag, der dann für YAKOOP und mich wieder in der Ausländerbehörde endet.

Während der Wartezeit haben wir Hausaufgaben gemacht und uns mit einem afghanischen Jungen von etwa fünf Jahren amüsiert. Er warf seine Pudelmütze allen Wartenden der Reihe nach zu und gab Anweisungen: »jetzt mit der linken Hand fangen« und »jetzt mit der rechten…« Nach einer Stunde werden wir aufgerufen von einem freundlichen Mann, der aber sagt, dass Yakoop in diesem Jahr wohl nicht mehr mit seiner Familie rechnen könne.

Mittwoch, 23. November

Seit einigen Wochen sind die ABC-Tische nicht mehr im Albertinum, sondern in den Städtischen Sammlungen, im STADTMUSEUM. Ich habe außer YAKOOP noch zwei Syrer, einen Mann aus Eritrea und einen Apotheker aus Afghanistan. Sein Haus und die Apotheke wurden vollständig zerstört, berichtet er. Das Sprachniveau ist sehr unterschiedlich, so dass ich ein Gespräch beginne, in dem alle fünf einbezogen sind. An Hand meiner Weltkarte frage ich nach den fünf Kontinenten, aber als Antwort kommen immer nur vier, sie haben Amerika vergessen. Entschuldigt euch bei Mister TRUMP, sage ich.

Von der biblischen Sintflut kommen wir auf die Flutkatastrophe 2002 in Dresden zu sprechen, mit den Händen, mit malen und schreiben.

Freitag, 25. November

Gestern kam ein Antwortbrief vom Ausländischen Amt in Berlin. Er enthält nur so viel an neuem, dass die Unterlagen zum Visum nun in Dresden wären. Das bedeutet, dass das Visum erteilt wird, wenn Dresden zustimmt. Das müsste doch sofort möglich sein, denke ich und bestelle YAKOOP zum Anfang der Woche in die Ausländerbehörde.

In meinen freien Stunden beschäftigt mich ein Buch, weil ich mich auf jeder Seite wieder und bestätigt finde. Es ist von Jenny Erpenbeck und heißt GEHEN. GING. GEGANGEN.[24]

Nicht nur das Thema der unregelmäßigen deutschen Verben bringt mich meinem Unterricht nahe, das ist zwar auch gemeint. Aber es geht vor allem, so wie in meiner Geschichte, um das Gehen aus der Heimat, dem Ankommen und dem wieder GEGANGENWERDEN. Der Titel gilt als

Leitmotiv der Einwanderung und der Ausweisung in den letzten Jahren.

Dienstag, 29. November

STEFAN kommt mit einem Tier-Memory an unseren Tisch und mit ein paar Männern, die Spaß wollen. Zu den Mäusebildchen sagt er, man könne auch eine Frau »süße Maus« nennen.

Aber Vorsicht, nicht zu jeder Frau, die sie kennen lernen, dürfen sie das gleich sagen. YAKOOP kann da nicht so richtig mitlachen, er hat schon vor eine Stunde in der Ausländerbehörde eine Nummer gezogen, und als wir eintreffen, sind wir schon an der Reihe.

Angeblich müsse man jetzt mit der Zustimmung erst noch auf eine postalische Nachricht von Beirut warten, die bereits eingetroffene elektronische Nachricht reiche nicht aus.

Am Nachmittag gehe ich zu einer Schulung für Ehrenamtliche in das Goethe-Institut. Zwei junge Psychotherapeutinnen wollen uns sagen, wie wir uns vor Überforderung schützen können. Was ich höre, sind Binsenweisheiten. Keiner der beiden Frauen traue ich zu, uns oder einem traumatisierten Flüchtling helfen zu können. Offensichtlich haben sie noch nicht wirklich mit einem von ihnen gesprochen. Ich sage, das Buch der Jenny Erpenbeck, das sei die Praxis der Traumabewältigung. Aber es kennt niemand.

Donnerstag, 1. Dezember

Auf den Abend in der »Rösselstube«, einer winzigen Vorstadtkneipe mit wenigen Eingeladenen, freue ich mich. Wir sollen heute das Ergebnis eines Projekts mit tschechischen Studenten ansehen. Da hatte es einmal einen Termin gegeben, zu dem sie kamen, um ein paar Fotos und Interviews zu machen, u. a. mit NAJIB, YAZAN, auch mit YAKOOP.

In der Gaststube hängen große, schöne Fotos von ihnen an den Wänden, dazu ihre Lebensläufe. Und im Laufe des Abends gehen sie einzeln nach vorne und berichten über ihre Zeit in Dresden. Das sind sehr berührende Geschichten mit dem eindeutigen Fazit: wenn der Krieg vorbei ist, und wenn wir hier etwas gelernt haben, dann wird sich entscheiden, ob wir hier bleiben oder zurückkehren in unser Land.

YAZAN, der Apotheker aus Syrien, der jetzt in einem Vorbereitungskurs, gemeinsam mit Medizinern und Pharmazeuten medizinische Fachsprache erlernt, zeigt mir seinen Unterarm und fragt mich, ob er »Elle« und »Speiche« und »Unterarmknochen« richtig ortet. Er weiß es natürlich besser als ich.

Als er vorn steht, um von sich zu erzählen, gesteht er, dass er am Anfang verzweifelt war. Alles war fremd und schwer. Aber die ABC-Tische hätten ihm so gut getan, hier hätte er wieder eine Heimat gefunden. Dennoch gesteht er, wie glücklich er wäre, wenn er nur ein einziges Haar seiner Mutter in den Händen halten könnte. Darauf futtert er mit großem Appetit zwei Schüsseln von einem Kraut-Linsen-Eintopf leer, den der Wirt der »Rösselstube« kostenlos bereitet hat.

Es ist ein sehr schöner Abend, von dem mich Yakoop nach Hause begleitet. Dabei macht er zum ersten Mal seinem Herzen Luft und fragt, ob ich ihm rate, zum Chef der Ausländerbehörde zu gehen.

Freitag, 2. Dezember

Das veranlasst mich, mir heute von einer Beamtin im Sozialamt die Adresse der Amtsleiterin der Dresdner Ausländerbehörde geben zu lassen. YAKOOP hat recht, ich sollte einen Brief an diese Frau schreiben, versehen mit allen Daten, seine Familie betreffend.

Inzwischen hat er mich angerufen, um mir zu sagen, er habe eine Nachricht aus Köln, die Papiere aus Beirut seien nach Dresden gegangen. Wieder sitzen wir mit vielen anderen auf den Wartestühlchen im Amt. Ein freundlicher Mann sagt uns den Namen seiner Kollegin, die Yakoops Akte auf dem Tisch hat und gibt mir ihre Mail-Adresse. Zuhause angekommen, sende ich die Mail mit der Bitte, uns umgehend einen Termin zu geben.

Ich habe die Hoffnung, Frau und Kind noch vor dem Fest hier zu sehen, noch nicht aufgegeben. Und erhalte umgehend die Nachricht von dieser Beamtin, sie ginge jetzt für drei Wochen in Urlaub, ohne die Akte bearbeitet oder weiter gegeben zu haben.Das ist für mich der Startschuss, meinen Brief aufzusetzen. Aber jetzt ist Wochenende, der 2. Advent.

Montag, 5. Dezember

Eigenhändig trage ich den Brief in das oberste Stockwerk der Ausländerbehörde und gebe ihn im Vorzimmer der Amtsleiterin ab. Ich habe höflich geschrieben, natürlich. Aber ich habe auch die Frage gestellt, ob die in Urlaub gegangene Beamtin sich vorstellen könne, wie einem Mann zumute ist, der sein Kind noch nie gesehen hat und nun weiß, es wäre an jedem weiteren Tag möglich, auch noch zu Weihnachten.

Mittwoch, 7. Dezember

Bereits heute erhalte ich einen Brief vom Bürgeramt, in dem mir höflich mitgeteilt wird, dass heute die Zustimmung zur Erteilung des Visums nach Beirut gegangen ist. GEHEN.GING.GEGANGEN. Jetzt ist es gegangen.

Ich rufe YAKOOP an und versuche es ihm verständlich zu machen. Statt seinem üblichen »vielen Dank«, sagt er heute »vielen, vielen, vielen Dank«.

Mittwoch, 14. Dezember

YAKOOP ist heute so fröhlich wie noch nie; er strahlt gleichsam von innen. Er hat bereits Kontakt zu seiner Frau aufgenommen, sie verbringt die Tage schon mit all ihrem Gepäck bei einem Onkel in Beirut, um täglich nach dem Visum zu fragen. Ein Flugticket, wenn er es jetzt noch für sie bekommen könnte, wäre zwar sehr teuer, aber das ist ihm egal. Er hat sich ohnehin schon Geld borgen müssen.

Donnerstag, 15. Dezember
Das Marie-Curie-Gymnasium hat uns zu einer nachmittäglichen Weihnachtsfeier eingeladen. Eltern und Schüler haben viel für uns gebacken und alles liebevoll auf lange Tische gehäuft, dazu heiße Getränke gestellt.

GEOFFREY hält eine kleine Rede in Deutsch, in der er uns allen dankt, obwohl er, wie er sagt, sehr mit seinen Emotionen zu kämpfen habe. Er gesteht, er hätte ein Problem mit seiner deutschen Freundin gehabt, und als sie ihn verlassen hat, da waren es »die Tische«, die ihn gerettet haben. Jetzt wird er höchstwahrscheinlich Deutschland verlassen, denn er ist nicht nur ohne eine Bleibe, sondern auch sein Job im Umweltzentrum ist nicht mehr sicher.

Montag, 19. Dezember
An der Gedächtniskirche in Berlin ist ein Sattelschlepper in die Menschenmenge auf dem Weihnachtsmarkt gerast. Zehn Menschen sind gleich tot, fünfzig werden, teils schwer verletzt, ins Krankenhaus gebracht. In dem Auto mit polnischer Nummer, liegt ein Pole, erschossen. Der Fahrer ist geflüchtet. YAKOOP sagt, es sei schrecklich, aber er ist immer froh, wenn der Täter kein Syrier ist. Er und seine Freunde fürchten ständig für ihren Ruf in Deutschland.

Seine Frau wartet täglich auf das Visum, aber nun schwindet die Hoffnung auf ein gemeinsames Fest. Mein Wunsch wäre es gewesen, mit ihnen zusammen ein Willkommensfest zu feiern.

Dienstag, 20. Dezember
Ein Freund bietet mir heute vier Karten für das Adventskonzert des Dresdner Kreuzchors im Dynamostadion an. Keiner kann sich das richtig vorstellen, ich auch nicht, was der Kreuzchor im Fußballstadion unter freiem Himmel zu suchen hat. Es herrschen ja winterliche Temperaturen.

YAKOOP und sein Freund »opfern sich« und wollen kommen, ich denke mir zuliebe.

Donnerstag, 22. Dezember
In der übervollen Straßenbahn werde ich fast erdrückt, bereue schon den Entschluss. Da stehen die beiden treu an der Haltestelle, und wir stürzen uns in die Menge der Tausenden.

Wir sind fasziniert von der Größe des Stadions, ich hatte auch keine Ahnung. Es gibt nur noch Stehplätze auf dem Rasen, die Sitzreihen sind himmelwärts besetzt. Der Chor steht weit hinten in einem abgeschlossenen Rund, aber riesige Bildschirme zeigen die Knaben ganz groß, alle mit Pudelmützen. Zweifellos ist es eine gigantische Show, einzelne Weihnachtslieder können von allen mitgesungen werden, die Texte sind eingeblendet. Aber die meisten widmen sich ihren Pappbechern mit Glühwein, das ganze Stadion riecht danach. Und ich muss schon sagen, wenn ich allein hier wäre, ich müsste auch etwas gegen die Kälte tun, aber ich bin hier mit Muslimen.

Diese frieren erbärmlich in dünnen Jacken und Turnschuhen; es war wohl doch keine so gute Idee. YAKOOP verabschiede ich nach einer halben Stunde, weil er vor Kälte zittert. Er flüstert mit dem Freund, der soll natürlich bei mir bleiben. Dankbar ist dieser, als ich mich mit ihm gemeinsam zum Gehen wende. Die Männer sind nicht abgehärtet, weil sie viel zu viel Zeit in Wohnung und Schule verbringen, wenig draußen sind.

Dienstag, 27. Dezember
So ging das Fest vorüber, ohne dass wir wissen, wie es von den muslimischen Männern verbracht wurde. Aber was zählt, ist die Nachricht, dass YAKOOPS Frau das Visum am 2. Januar bekommt. Er hat per Internet einen Flug für sie und das Kind gebucht – für den 11. Januar! Um 23 Uhr wird sie in Berlin Tegel eintreffen.

Vergebens versuche ich mir den Augenblick vorzustellen, wenn Yakoop seine Frau nach fast zwei Jahren wiedersieht, im Arm die kleine Tochter, die er zum ersten Mal leibhaftig vor sich sieht.

Yakoop scheint so gelassen, wir trinken zusammen Kaffee und reden. Und gehen zum Lernen über. Ein älterer Mann aus Syrien gesellt sich zu uns. Er ist genau so lange in Dresden wie Yakoop, versteht aber keinen meiner Sätze. Ich frage Yakoop, ob er sich nicht freue über diesen Vorsprung. Da sagt er: »das ist dein Verdienst«.

Mittwoch, 4. Januar
Wir haben alle gehofft, GEOFFREY würde noch mal auftauchen. Aber er hat einen liebevollen Brief an uns geschrieben und mitgeteilt, dass seine Stelle nicht mehr bezahlt wird, er also zurück geht nach Australien. Das ist für uns alle sehr traurig.

Mittwoch, 11. Januar
Ob in dieser Nacht die Familie wirklich zusammenkommt, ist noch unklar. Zwar hat YAKOOPs Frau das Visum und das Flugticket, aber sie war ohne Aufenthaltsgenehmigung in Beirut, das ist strafbar und könnte ihr Probleme bei der Ausreise machen; das mindeste wäre eine hohe Strafe, die sie hoffentlich bezahlen kann.

Donnerstag, 12. Januar
Gegen Mittag rufe ich YAKOOP an und höre das erlösende Wort: »JA, SIE IST DA!«

Andrea del Sarto *»Abrahams Opfer«*
Um 1527/29
Staatliche Kunstsammlungen Dresden
Galerie Alte Meister

Carl Gottlieb Peschel
»Jacobs Heimkehr nach dem Gelobten Lande«
1845
Staatliche Kunstsammlungen Dresden
Galerie Neue Meister

Ernst Ferdinand Oehme
»Gewittersturm in der Gegend des Dorfes Kaditz«
1838
Staatliche Kunstsammlungen Dresden
Galerie Neue Meister

Paul Gauguin *»Parau Api. Gibt's was Neues?«*
1892
Staatliche Kunstsammlungen Dresden
Galerie Neue Meister

Kapitel 11
Maram und Maria

»Alle Dinge sind dazu da,
damit sie uns Bilder werden
in irgendeinem Sinne.«

RAINER MARIA RILKE

Sonntag, 14. Januar 2017
Von drei in Pergament verpackten syrischen Törtchen und sechs wundervoll verzierten Kuchenstückchen kann ich beim besten Willen nur zwei Stück verzehren; die Zähne kleben mir vom Zucker aneinander, aber der Geschmack ist köstlich.

»Du musst alles essen« sagt YAKOOP gebieterisch, und als ich aufgebe, sagt er: »du musst alles mitnehmen für deinen ONKEL«. Der Onkel einer 77-jährigen Frau müsste weit über hundert sein, aber mir ist schon klar, dass er meinen ENKEL meint.

Die schöne Frau MARAM, die ich heute zum ersten Mal sehe, schenkt mir Tee ein und lächelt dazu, sie kennt noch kein deutsches Wort, nur ein paar wenige englische. Yakoop übersetzt alles, was ich sage, und beide sind sichtlich stolz auf seine Kenntnisse. Sie trägt zu ihrem schönen, langen Rock ein weißes und ein schwarzes Kopftuch.

MARIA, das Töchterchen von einem Jahr und sechs Monaten ist mit ihren dunklen Löckchen ein echtes arabisches Kind. Vor der kleinen Schildkröte, einer Handpuppe, die ich ihr mitgebracht habe, hat sie Angst, überhaupt weicht sie kaum von Mamas Schoß oder steht, sich daran klammernd. Laufen kann sie natürlich auch. Aus diesem sicheren Hafen schenkt sie mir ein zauberhaftes Lächeln. Yakoop lacht beim Anblick der Schildkröte, weil ich ihm vor Monaten mit Bildern von Schildkröten »vor«, »hinter«, »unter« und »auf« dem Baum die Präpositionen erklärt habe.

Dieser ersten Begegnung waren drei für mich unruhige Tage voraus gegangen, weil ich von der Ankunft der beiden in der Nacht zum 12. Januar zwar eine Nachricht bekommen hatte, aber nicht wusste, wie diese Woche vergangen war.

Ohne zu wissen, was es wirklich bedeutet, stelle ich mir dieses Ankommen vor – auf einem fremden Kontinent nach einem vierstündigen Flug von Beirut nach Berlin in ein fremdes Land und in eine fremde Stadt, hier in eine fremde Wohnung, und für Maria ist der Vater, der sie abholt, auch ein Fremder. Eine neue Heimat auf unbestimmte Zeit.

Mir ist dieser Mann seit fast zwei Jahren bekannt und unterdessen vertraut, aber so glücklich wie heute Nachmittag habe ich ihn noch nie gesehen. Er steht bei meiner Ankunft in der Hochschulstraße im Windfang eines Miethauses im Studentenviertel der Technischen Universität und erwartet mich mit seinem Mädchen auf dem Arm.

Maria ist im Juli 2015 in Damaskus geboren, da war Yakoop schon auf der Flucht.

Einmal hatte ich ihn gebeten, mir ein Foto von ihr auf seinem Handy zu zeigen, aber er hat es sehr schnell wieder weg genommen. Ich habe nicht mehr danach gefragt, nur immer versucht mit der Tatsache zu trösten, dass ein kleines Kind vor allem die Mutter braucht, aber das weiß Yakoop schließlich auch.

Für den nächsten Tag verabreden wir ein Treffen im KALEB-Zentrum auf der Bautzner Straße. Dieses Geschäft ist ein Segen, eine Anlaufstelle für junge eingewanderte Familien.

Es gibt die Möglichkeit, andere Familien kennen zu lernen und sich mit geflüchteten Frauen auszutauschen. Es gibt Schwangerschaftsbetreuung, und es gibt viele nützliche Dinge zu kaufen. Kindersachen in allen Größen, fein säuberlich aufgereiht, die Wäsche in großen Schüben wie früher beim Krämer – und alles gegen eine kleine freiwillige Spende zu haben. Eine ältere, arabisch sprechende Frau, die hier arbeitet, wendet sich Maram zu und fragt sie nach ihren Wünschen.

Weil ich früher hier bin, habe ich eine warm gefütterte Winterkutte im Hintergrund auf eine Bank gelegt. Ich wollte abwarten, in welcher Kleidung MARAM kommen würde. Meine Tochter, die sich im arabischen Raum etwas auskennt, meinte, dass diese Frauen ihren Stolz und ihre Gewohnheiten hätten und wahrscheinlich lieber frieren als ein für sie unpassendes Kleidungsstück anziehen würden. Das war richtig gedacht.

Maram kommt in einem langen, schwarzen, auf Taille gearbeiteten Mantel von seidigem Material, zu dünn für die Jahreszeit. Gestern in der Wohnung trug sie einen langen gepunkteten Rock und dazu eine Spitzenbluse, mit großen Perlen verziert, wahrscheinlich ihr Festtagskleid. Ich kann ihren Stolz, mit dem sie ihre orientalische Kleidung trägt, gut verstehen, ich würde es nicht anders machen. Diese junge Frau besitzt zur Zeit nur wenig mehr als diesen Stolz.

Klammheimlich trage ich die Winterjacke wieder davon, die hätte uns alle in Verlegenheit gebracht. So versuchen wir, einander zu verstehen und uns näher zu kommen.

Dienstag, 17. Januar

Anstatt wie üblich um 15 Uhr zu den ABC-Tischen zu gehen, treffen wir uns vor der Ausländerbehörde in der Theaterstraße. YAKOOP ist schon länger da und hat zwei Nummern gezogen, weil die Anmeldung von MARAM an zwei Stellen abgewickelt werden muss.

Er kennt sich in den ihn betreffenden Behörden inzwischen viel besser aus als ich.

MARIA, die um ihren Mittagsschlaf gebracht war, fällt in Mamas Arm bald in seligen Schlummer. So können wir mit großer Geduld die Fragen des Beamten beantworten, der im übrigen zuvorkommend und freundlich ist.

Alles in allem dauert die Prozedur zwei Stunden. Auf dem Flur treffen wir DAVID SEEZEN, den jungen Mann aus Tennessie, zu dem ich einmal wöchentlich gehe, um Englisch zu sprechen. Er begrüßt die Syrer und sagt zu Yakoop, er habe schon viel von ihm gehört. Ich finde es herrlich, ein solches Völkergemisch unter einem Dach versammelt zu sehen. Manches Gesicht ist mir bekannt, und ich werde oft gegrüßt.

Mittwoch, 18. Januar
Die ABC-Tische sind heute im Marie-Curie-Gymnasium, aber ich habe mich mit YAKOOP im Stadtmuseum verabredet, weil er mich gestern bat, ihm das viele Papier, das sie gestern bekamen, zu erklären und auszufüllen. Wir sind im Café hier allein und ungestört und beginnen den Papierkrieg. Was das Amtsdeutsch betrifft, so bin ich nur etwas weniger hilflos als er, es ist eine Sprache wie von einem anderen Stern.

Wir sortieren alles, sämtliche Urkunden, Pässe, Legalisierungserklärungen und machen eine Liste von dem, was er schon hat und von dem, was er noch braucht.

MARAM hat einen Termin für den 2. März bekommen, wo sie ein erstes Interview haben soll und einen sogenannten AUFENTHALTSTITEL bekommt. Für morgen bittet mich Yakoop, mit ins JOBCENTER zu kommen; das befindet sich in dem riesigen Gebäude der Agentur für Arbeit an der Budapester Straße.

Donnerstag, 19. Januar
Ich kenne es, weil ich mit YAKOOP schon einige Male hier war. Nummern werden hier nicht gezogen, sondern man steht in einer Reihe mit Wartenden, die zu drei Schaltern reicht, das kann bis zu einer Stunde Stehen bedeuten. Dort wird man nach seinem Begehr gefragt und darf sich in den Warteraum setzen. Mit MARAM und MARIA sitze ich schon dort, als Yakoop nach 40 Minuten zu uns kommt. Ich schildere das so ausführlich, weil es nicht unwichtig für das Folgende ist. Es ist 15.50 Uhr, als wir von einer älteren, kleinen, streng aussehenden Amtsperson aufgerufen werden. Das Center schließt heute um 16 Uhr.

Es gibt nur zwei Stühle, Yakoop bleibt stehen. Eine Begrüßung gibt es nicht; meine Erklärung, ich sei eine ehrenamtliche Begleitung der Familie, wird mit einem misstrauischen Seitenblick konstatiert. Mit der unfreundlichsten Geste werden mir vier Antragsformulare, deren Überschrift ich schon nicht verstehe, über den Tisch geschoben. Jedes Formular hat zwei Doppelseiten, also vier Seiten eng mit Fragen bedruckt – insgesamt 16 Seiten. Das alles müsse jetzt sofort ausgefüllt werden. Zum Glück habe ich gestern schon geübt, kenne von den Dreien die arabischen Namen, einschließlich der Geburtsdaten und -orte, dem Heiratsort, der Visumsfrist u. a., inzwischen so gut, dass ich sie aus dem Kopf schreiben kann, aber ich hätte die eine oder andere Frage, die ich unterdrücke, weil sie mit einem unwirrschen »so ein Quatsch« oder »das habe ich doch schon dreimal erklärt« erwidert wird.

Wohlgemerkt, wir befinden uns seit zehn Minuten an ihrem Tisch, und es vergehen noch weitere fünf Minuten bis 16.05 Uhr, da muss ich ihr meine Schulaufgaben vorlegen – nicht alle Seiten sind ausgefüllt, was mit einem demonstrativen Seufzer beantwortet wird.

Kapitel 12
Mohamad Asfur

»Kommt ein Vogel geflogen,
setzt sich nieder auf mein' Fuß.
Hat ein Briefchen im Schnabel,
von der Mutter einen Gruß…«

VOLKSLIED

Mittwoch, 25. Januar

Heute sind wir zum Deutschunterricht verabredet, den wir vernachlässigen mussten.

YAKOOP kommt mir etwas matt vor, aber ich schiebe es auf die Kälte und auf Müdigkeit, denn er hat ja vormittags schon Schule. Wir setzen uns an den einzigen freien Tisch, der sich aber sehr schnell füllt. Zuerst kommt MOHAMAD ASFUR, ein junger, hübscher Syrer, der nicht arabisch aussieht. ASFUR bedeutet VOGEL, sagt er mir in gutem Deutsch.

Er ist erst seit einem Jahr in Dresden, hat A1 abgeschlossen, im Selbststudium mit Handy »den Rest«, das heißt, er hat auch A2 geschafft. Er versteht nahezu alles und übersetzt sogar meine Worte für Yakoop.

Dann bringt uns STEFAN die zwölfjährige FATIMA aus Syrien an den Tisch. Der Papa arbeitet als Hilfsarbeiter auf dem Bau, die Mama ist krank. Ob wir das Kind am Tisch behalten können, bis der Papa es abholt. Ich finde in meiner Tasche noch einen Bogen mit Klebebildchen, die sie mit Begeisterung auf ein Blatt klebt. Es sind alles Glücksmotive, ein Pilz, ein Schwein, ein Kleeblatt, Käfer und Herz. Sie soll das Wort dazu schreiben, was ihr fast selbständig gelingt, sie geht in die sechste Klasse.

Mohamad ist begeistert von dem Mädchen und hilft ihr. Zwischendurch fragt er mich, ob er die Bedeutung von »verschwinden« und »verschwenden« richtig verstanden habe. Er sagt: »Mein Hund ist verschwunden«. Aber: »Ich verschwende meine Zeit beim Lernen mit dir«! An solche

Spitzfindigkeiten, über die er sich diebisch freut, ist bei Yakoop noch nicht zu denken. Inzwischen ist noch ein Dresdner Rentner, Diplomingenieur, an unseren Tisch gekommen. Jetzt sind alle Generationen vertreten, und ich wende mich kreuz und quer jedem einmal zu, das ist vergnüglich, aber auch anstrengend, wenn man jedem gerecht werden will.

Nachdem ich mit Yakoop die Hausaufgaben gelöst habe, gesteht er mir, er sei ein bisschen krank, sei erkältet und habe Fieber. Er sagt, er würde Salbeitee trinken, den ich ihm einmal mitgebracht habe. Ja, bitte auch viel Zitrone, denn zum Arzt will er nicht gehen, will keine Schule versäumen. Aus seinen Andeutungen höre ich, dass Maram und Maria die Wohnung kaum verlassen, wegen Kälte, aber auch wegen Unsicherheit und Angst. Wie sieht ihr Alltag aus? Ich kann es mir kaum vorstellen. Wir verabreden uns für Donnerstag, um die beiden »Mädels« bei der AOK anzumelden. Dann schicke ich ihn ins Bett.

Seinen Platz nimmt sofort ein älterer, etwa 45-jähriger Mann aus Syrien ein. Er ist klein und schmächtig, mit schütterem Haar und schadhaften Zähnen. Er hat die Familie schon in Dresden, das jüngste Kind ist drei Jahre. Er legt mir ein Kinderbuch auf den Tisch, aus dem er mir vorlesen will, es ist eine Piratengeschichte. Ein Segelschiff wird von Seeräubern überfallen, und der Schiffsjunge wird als Koch auf das Piratenschaff mitgenommen. Er rächt sich dann mit allzu scharfem Essen, so dass niemand mehr das Schiff steuern kann.

Der Mann liest schlecht und recht, aber ich fürchte, er kann es schon auswendig.

Übrigens ist NAJIBULLAH heute Chef, Peter ist nicht da, und GEOFFREY BROWN muss am 7. Februar nach Australien zurückfliegen, er wird sich nur noch verabschieden kommen.

Donnerstag, 26. Januar

NAJI schiebt mir freudig einen jungen Afghanen zu, den er mir als KHEYBAY NIOZOI vorstellt, der gezielt eine Aufgabe lösen will. Er bereitet sich auf die B1-Prüfung vor, die demnächst stattfinden soll. Von Beruf ist er Schweißer, man habe ihm gesagt, er brauche für diese Arbeit den C1-Abschluss, was ich allerdings für überzogen halte. Er braucht ja kein Studium.

Heute soll er einen Brief an die Lehrerin vom Deutschkurs schreiben, in dem er seine Abwesenheit entschuldigt, einen Grund angibt und um die Hausaufgaben an seinen Freund bittet. Wir beginnen also den Brief zu entwerfen, da taucht das Vögelchen MOHAMAD auf und auf meine Frage, wie es ihm gehe, antwortet er: »Mir geht es immer gut.«

Dann hilft er sogleich dem Kameraden, den Brief zu vollenden, indem er die Satzstellung, bzw. die Reihenfolge der Wörter, die ich erst am Ende verbessern wollte, sofort als unkorrekt erkennt und berichtigt. Es ist unglaublich, wie dieser Junge nach einer so kurzen Zeit in Deutschland die Sprache beherrscht.

Was er in Syrien studiert habe, frage ich ihn, und er sagt, dass er seit seinem 12. Lebensjahr immer gearbeitet habe. Er ist noch ganz jung. Wie er sagt, hat er an Autos die Räder gewechselt. Was er aber noch lieber getan hat und auch hier gern weiter machen würde, ist ACHSEN von Autos VERMESSEN. Schon diese Begriffe zu lernen, scheint für ihn nicht schwer zu sein. Bevor er eine Ausbildung bekommt, möchte er – und dabei ist er bereits – die Klassen sieben bis neun nachholen. Das bedeutet, nicht nur Deutsch zu lernen, sondern auch Englisch und alle Fächer, die deutsche Schüler bis zur Klasse neun absolvieren. Was für ein Kraftakt! Während er noch mit der kleinen FATIMA scherzt, die gerade mit ihrem Papa angekommen ist, malt er auf einen Zettel eine Lageskizze – eine Straße und ein paar Häuserblocks. Den Zettel reicht er mir mit einer Einladung zum Essen heute in seiner Wohnung Reitbahnstraße.

Gern wäre ich ihr gefolgt, aber ich bin mit YAKOOP verabredet, um ihn ins Bürgeramt zu begleiten. Es geht um die monatliche Zahlung für MARAM vom Sozialamt, Yakoops Geld wird knapp.

Ich sage zu Mohamad, dass dieser Gang sehr wichtig ist, ich seine Einladung leider nicht annehmen kann. Ich meine, Traurigkeit in seinem Gesicht zu lesen, aber die hält bei diesem sonnigen Kind nie lange an.

Als MOHAMAD einige Tage später wieder auftaucht, bittet er mich um Hilfe bei einem grammatischen Problem. In unserem heftigen Disput, über den ich noch die halbe Nacht grübele, geht es um den Satz: »Ich sehe den Kollegen.« Er behauptet steif und fest, das »n« am Ende sei zuviel. Es hieße doch auch: »Ich sehe den Lehrer, oder den Schüler.« Auf meine Frage, ob er mir jetzt Deutsch beibringen will, müssen wir beide lachen.

Eine Regel, außer dass es auf die Deklination des Substantivs ankommt, kenne ich nicht.

Schließlich entdecken wir, dass Substantive mit der Vorsilbe »Ge« oder »Ent« – der Gesuchte, der Enttäuschte, aus Adjektiven entstanden sind und also in dem entsprechenden Satz den Akkusativ verlangen. Das erklärt noch nicht »den Kollegen«. Und ich denke, es ist eben ein Fremdwort. Ich halte das nach wie vor für eine wacklige These, aber eine bessere habe ich nicht. Mohamad hingegen meint, nun habe er es verstanden. Hier komme ich an meine Grenzen. Fehler im Deutschen unterlaufen mir selten, aber eine Deutschlehrerin bin ich nicht.

Es ließ mich nicht schlafen. Und so kam ich zu dem Schluss, dass es in unserem Beispiel immer um Personen geht, die aus Adjektiven, »der Verlorene«, »der Verdammte« oder aus Verben entstanden sind, und wenn sie dekliniert werden, die Endung »n« haben, oder eben nicht. Beispiele: Ich sehe »den Verkäufer«, »den Verleger«, »den Verfasser«. Aber was ist mit »Kollege«? Ja, es ist eben ein Fremdwort.

Als ich ihn einige Tage später wieder treffe, sage ich es ihm nicht, sondern wir sprechen wieder von Autos – das ist seine Leidenschaft – Achsenvermessung! Aber heute erzähle ich von einem Unfall auf meiner Straße und dass Zeugen gesucht werden wegen der Schuldfrage. Da interessieren sich die Männer für das Thema »Versicherung«, für den Unterschied zwischen Haftpflicht und Kasko. Was ich alles wissen soll! Aber jetzt kommt der Knüller! Mohamad, der Achsenvermesser, will mich einem Intelligenztest unterziehen. Er sagt, ich solle einen Satz mit »als ob« bilden. Da mir nicht gleich einer einfällt, sagt er: »Ich fühle mich so wohl, als ob ich drei Stunden geschlafen …«

Jetzt soll ich den Satz mit dem entsprechenden Hilfsverb vollenden, und ich gehe voll in die Falle, indem ich sage: »… geschlafen habe.« »Falsch!« jubelt der Bursche. Auf »als ob« folgt immer der Konjunktiv, nämlich »hätte«. Das muss mir so ein junger Syrer mit sechs Klassen Schulbildung beibringen. Ich bin beschämt. Natürlich weiß ich, dass es falsch war, ich habe einfach nachlässig gesprochen, dabei dürfte mir das nicht passiert sein. Den Triumph aber gönne ich ihm von Herzen und sage: »du weißt mehr als mancher Deutsche.«

Kapitel 13
Stefans Zeitungsschau

»Es würde nacht und kalt
auf Erden und in Not verzehrte sich
die Seele, sendeten zuweilen nicht
die guten Götter solche Jünglinge.
der Menschen welkend Leben zu erfrischen.«[25]

FRIEDRICH HÖLDERLIN

Freitag, 27. Januar

STEFAN brachte mir am Donnerstag noch einen Mann, den ich unter besondere Obhut nehmen soll, am besten mit einer Führung durch die Galerie Neue Meister. Ich warte noch, aber Yakoop kommt nicht, wahrscheinlich ist er krank. Also widme ich mich dem 1,96-Meter-Mann aus Syrien. Er heißt HAFEZ AL ZOHAILY. Sein Sprachniveau ist B1, er möchte grammatische Regeln üben, das möchte sonst niemand freiwillig.

Also heute keine Bilder, sondern seine Aufgaben, die sich um das Plusquamperfekt drehen. Wie soll man einem Ausländer den Unterschied zum Perfekt und Imperfekt klar machen? Ich versuche es, aber bald reden wir nur noch über seine Familie und über den Krieg. Er hat in Damaskus drei Jahre Geologie studiert, wegen Kriegswirren keinen Abschluss bekommen. Er möchte hier weiterstudieren, aber dazu braucht er den C1- bis C2-Abschluss. Er möchte so schnell wie möglich das Niveau erreichen, ist ungeduldig, dabei höflich. Ich empfehle ihm, am Sonnabend zur ZEITUNGSSCHAU ins Stadtmuseum zu kommen, das ist eine Zugabe für diejenigen, die schon etwas mehr verstehen können.

Neben uns sitzt ein älterer, beleibter Mann aus Syrien, der uns ein Formular vorlegt, das er vor der Zahn-OP seiner dreijährigen Tochter ausfüllen muss. Nachdem er meine Hilfe in Anspruch genommen und eine Weile unserem Gespräch zugehört hat, sagt er: »ASSAD ist ein guter Mann – super, er muss nicht weg.« Wie auf Vereinbarung erwidert ihm niemand etwas. Wir wollen allen helfen, die hier sind, aber nicht über Politik streiten.

Ich rufe YAKOOP an, ihm geht es wieder gut, aber nun ist MARAM krank. Ich sage, Zitrone, Zitrone. Aber nein, das will sie nicht trinken. Ich sage, er möge sich melden, wenn er einen Arzt braucht. Ich mache mir Gedanken um sie, wie könnte ich sie unterrichten? Als ich Yakoop frage, ob er ein wenig mit ihr Deutsch spricht, sagt er, sie wolle nur mit mir lernen.

Samstag, 28. Januar

Das ist der Tag der Woche, an dem Stefan um 13 Uhr eine Zeitungsschau für die besten hält. Es kommen zwei bis drei Männer aus Afghanistan und Syrien, oder auch KOLAHTA aus Eritrea und ihre Schwester LAHEM. Heute sind sie nicht da, beide sind intelligent und streben eine Hochschullaufbahn an, Kolahta will Ärztin werden, sie befindet sich bereits in einem medizinischen Vorbereitungskurs, ihre Schwester ist noch Abiturientin.

Nur HAFEZ ist erschienen, und wir bemühen uns gemeinsam um ihn. Er begreift schnell; bei einem Foto von Sigmar Gabriel wiederholt er Stefans Satz: »Das ist der neue Außenminister, der vorher Wirtschaftsminister war.«

Mittwoch, 1. Februar

Unser PETER, ich nenne ihn »der große«, weil er einfach alles ihm mögliche für die Einwanderer tut, hat sich für heute etwas ausgedacht. Aus seiner Fotowerkstatt hat er Fotos vom zerstörten Dresden und vom zerstörten Aleppo mitgebracht und auf dem Boden ausgebreitet. Er spricht mit einfachen Worten über den bevorstehenden 13. Februar und bittet alle, sich an der Menschenkette zu beteiligen, auch Stefan spricht darüber.

Von diesem Thema ausgehend will HAFEZ mit mir wieder über den Krieg in Syrien sprechen. Ich denke, dass es dankbar angenommen wird, wenn wir auch unsere Gedanken zu den Ereignissen in Syrien äußern. Dann versucht Hafez mir mit seinem noch lückenhaften Wortschatz die Geschichte der Religion zu erklären. Er ringt um Worte, wir schreiben und malen, es ist anstrengend für uns beide.

Nach zwei Stunden hat Peter nochmals einen Auftritt. Er hat zum Abschied von GEOFFREY ein Fotobuch gemacht, in dem er alle Ereignisse an den »Tischen«, sowie alle Erlebnisse beim Wandern usw. festgehalten hat. Mit tränenerstickter Stimme überreicht er es Geoffrey, und dieser ebenfalls sehr bewegt, dankt mit einer kleinen Rede, die er bis vor kurzem auch noch nicht in Deutsch hätte halten können.

Samstag, 4. Februar

Als ich zur Zeitungsschau komme, sagt Stefan, wir sind eingeladen zu YAZAN, dem jungen Apotheker aus Syrien, der nach 18 Monaten in Deutschland bereits eine Arbeit in der Ginkgo-Apotheke hat. Er wohnt St. Petersburger Str. in der Nähe vom Hauptbahnhof, also gehe ich mit. Es ist eine winzige 1-Raum-Wohnung, die auf den UFA-Palast schaut. Mit einem Freund hat er unglaublich leckere Sachen gekocht, z. B. auf einem Kuchenblech Kartoffelscheiben mit Hähnchenfleisch gebrutzelt, dazu gibt es eine Joghurt-Knoblauch-Sauce, auch noch andere Saucen mit Chili, Gemüsereis und Humus.

Als wir fragen, ob wir nicht hätten etwas mitbringen können, sagen die beiden, das wäre in Syrien eine Unhöflichkeit. Es schmeckt alles vorzüglich. Auf einem Riesensofa und noch ein paar Stühlen sitzen um einen kleinen Couchtisch drei Syrer, ein Afghane, eine Koreanerin und die beiden Schwestern aus Eritrea.

Ich ziehe mich bald zurück, weil ich heute zum ersten Mal YAKOOP mit MARAM und MARIA im Café des Stadtmuseums erwarte, um mit Maram Deutsch zu lernen.

Da kommt auch schon die schöne Familie herein, Yakoop mit der entzückenden Maria auf dem Arm, daneben Maram, ganz in Schwarz gehüllt, über dem langen Mantel hat sie sich gegen die Kälte noch in ein großes schwarzes Tuch gehüllt; ihr hübsches Gesicht ist eingerahmt wie das einer Madonna. Der Papa trägt das Kind herum, auch habe ich Stifte zum Malen und Papier dabei. Wir können tatsächlich eine Stunde lernen, es ist ein Anfang, und Maram stellt sich sehr gelehrig an.

Montag, 6. Februar

Das Erlebnis im Jobcenter hat mir keine Ruhe gelassen, so dass ich schließlich einen Brief geschrieben und an den Direktor der Agentur für Arbeit gesandt habe. Ich habe den Vorgang geschildert und meine Enttäuschung zum Ausdruck gebracht. Darauf war sehr schnell Antwort gekommen: eine Entschuldigung und die Aufforderung zu einem Gespräch mit diesem Mann.

Der Termin ist heute im Zimmer 6120. In dem dreiteiligen Gebäude fällt es mir schwer, bis zu dieser Tür zu finden. Als mich Herr Markus freundlich empfängt, sage ich, die Gänge hier kämen mir »kafkaesk« vor, etwas unschlüssig, ob er mir folgen könne. Natürlich kenne er Kafka, keine Frage. Er ist ein Beamter aus Bremen, gebildet und sympathisch.

Mit der Beamtin sei gesprochen worden, sowohl mit ihrem Bereichsleiter als auch mit ihm, dem Direktor. Das sei ihr nicht einerlei gewesen, und sie habe sich entschuldigt. Wir führen ein längeres, freundliches Gespräch, in dem ich ihm über die Arbeit mit Flüchtlingen berichten soll.

Am Abend gehe ich zu einem Vortrag »Islam – Katalysator oder Blasphemie«. Der Vortragende, selbst ein Muslim, hat es sehr schwer beim Publikum anzukommen. Zu meinem Bedauern merke ich, dass ein großes Publikum gekommen ist und darauf wartet, sich nicht nur mit Fragen, sondern heftigen Angriffen auf den Redner zu stürzen.

Der Moderator hat es nicht leicht, aber schafft es schließlich, die aufgebrachte Menge zu stoppen und die Diskussion nach angemessener Zeit abzubrechen.

Zu einer weiteren Zeitungsschau im Februar greife ich der Zeit etwas voraus.

Der begabte junge Mann HASIBULLAH MAJIDI aus Afghanistan erscheint in unserer Runde. Er sieht aus wie ein zwanzigjähriger arabischer Königssohn, seine Anmut ist kaum mit Worten zu beschreiben. Aber so schön wie sein Äußeres ist sein Leben nicht. Von Geburt ist er TADSCHIKE. Für meine Frage nach der ehemaligen UdSSR und der Tadschikischen Sowjetrepublik ist er wohl noch zu jung.

Ich kann sie noch alle hersagen, die 16 Sowjetrepubliken, wir mussten sie auswendig lernen, dazu die Hauptstädte, und ich kann sie heute noch.

Dieser junge Mann ist Vater von zwei kleinen Kindern. Sie wohnen mit seiner Frau bei seinen Eltern in KABUL, wo sie keineswegs vor Angriffen sicher sind. Als er das erzählt, schaut er mir selbst mit sanften Kinderaugen gerade ins Gesicht, aber ich vermute dahinter ein großes Wissen. In seiner Heimat hat er zwei Jahre Informatik studiert, seit einem Jahr ist er hier. Erst seit drei Monaten darf er einen Deutschkurs besuchen, sieben Monate hat er allein gelernt. Kann man Deutsch allein mit dem Handy lernen? Er sagt ja, es geht sehr gut, man muss es nur wollen. Dieser Kraftakt hätte sich kaum gelohnt, wenn er den Bescheid zur Ausreise bekäme.

Das wage ich nicht auszusprechen, denke nur, wie inkonsequent die Asylpolitik ist, wenn gute Fachkräfte erst ins Land gelassen, wenn ihnen teure Kurse bezahlt werden, um sie dann wieder auszuweisen. STEFAN erklärt ihm geduldig, dass er handeln, sich eine Ausbildung suchen müsse, um die »Abschiebung« hinauszuzögern. Ein Anwalt kostet etwa 1000 Euro für diese Fälle. Sind also Anwälte auch Nutznießer der Asylpolitik, so wie Hotelbesitzer?

PHILIP RUSHWORTH, ein großer, schlanker Mensch, kommt noch dazu. Auch er ist so ein Wunderkind, aber mit anderem sozialen Hintergrund; er ist Engländer. Er studiert in Cambridge Arabistik und hält sich zu Forschungszwecken für seine Dissertation für ein Jahr in Dresden auf.

Kapitel 14
Februar in Dresden
Drei Omnibusse für Aleppo

»Wenn wir Christen und Muslime keine gemeinsame theologische Hoffnung hätten, wäre der Dialog sinnlos.«[26]

PATER PAOLO, ZITIERT VON NAVID KERMANI

Mittwoch, 8. Februar
Der Jahrestag der Zerstörung Dresdens rückt näher; ein Referent der »Konrad Adenauer-Stiftung« kommt zu uns, um ihn vorzubereiten, vor allem über die Installation auf dem Neumarkt zu sprechen. Der syrische Künstler MANAF HALBOUNI hat an der Frauenkirche eine Installation geschaffen, die in der Stadt nicht nur Aufmerksamkeit und Wohlwollen hervorruft. Drei Omnibusse, hochkant, so aufgestellt wie sie in Aleppo als Straßenbarrikade im Krieg eingesetzt werden, sollen hier in der einst zerstörten Stadt die Schrecken des Krieges und ihre Parallelität in der Welt demonstrieren.

Der Lokalpatriotismus der Dresdner wehrt sich dagegen; Dresden will als Opfer einmalig in der Geschichte stehen.

Fotos und Blumen an den Wagenrädern zeugen davon, dass es nicht nur diese Meinung , sondern auch Zustimmung zu diesem Symbol in der Stadt gibt.

Eine weitere, sehr beeindruckende Installation ist auf dem Theaterplatz vor der Semperoper zu sehen. Kreisförmig sind Fotografien angeordnet, die Gräber von ertrunkenen Flüchtlingen zeigen, Menschen, die auf der Insel Lampedusa an Land gespült wurden.

Zu unserer heutigen Runde ist zu bemerken, dass weder ein arabisches, persisches oder englisches Wort gesprochen wird; es ist wie eine Gedenkstunde für die Opfer von Dresden, abgehalten und verstanden von vielen Flüchtlingen aus dem arabischen Raum. Auch der junge Engländer PHILIP erscheint wieder. Er fragt, ob er am 13. Februar mit mir durch die Stadt gehen kann, nicht unbedingt zur Menschenkette, sondern zu möglichen Gegendemonstrationen. Es gibt viel Zündstoff in diesen Tagen. Gegen den Oberbürgermeister gibt es Morddrohungen, weil er gesagt hat, Dresden sei nicht nur eine Opfer- sondern auch eine Täterstadt vor und während des Zweiten Weltkrieges gewesen.

Wir müssen das den Einwanderern erklären, denn auch sie leiden unter dem Klima von Angst, Widerstand und Aggression.

Donnerstag, 9. Februar
Der letzte Vortrag in der Reihe zum Islam findet heute statt. Sehr gut besucht, wird er von JAMELEDDINE BEN ABDELJELIL, Philosoph und Theologe aus Erlangen gehalten und entspricht offenbar den Erwartungen auch diesmal nicht. Umso mehr fiebert die Menge wieder der Diskussionsrunde entgegen, um ihren Unmut abzulassen. Am Thema vorbei! Keine Antwort auf unsere Fragen!

Ich bin nach langem Tag müde genug, um den Saal vor dem Ende zu verlassen, zumal ich die unsachliche Kritik nicht teilen kann.

Samstag, 11. Februar
Habe YAKOOP mit seinen beiden Mädchen ins Stadtmuseum bestellt, weil ich mit MARAM lernen will. Es ist hier ruhig, nur Yakoop muss uns MARIA abnehmen, sonst geht es nicht.

Da dies offenbar für den Papa schwierig ist, schlage ich vor, ins Albertinum zu gehen, damit Maram etwas Schönes zu sehen bekommt und dabei auch die ersten deutschen Worte lernen kann. Für sie ist es auch entspannt, aber Yakoop hat Mühe, das unruhige Kind auf seinem Arm zu beschwichtigen. So breche ich nach einer Stunde ab, wir sind alle geschafft. Ich zeige ihnen aber noch die Installation vor der Frauenkirche.

Sonntag, 12. Februar

Heute wird in der Semperoper der Friedenspreis der Stadt Dresden an den Bürgermeister eines sizilianischen Dorfes auf Lampedusa vergeben. Die Idee dieses Mannes ist so einfach wie genial.

Die vielen Flüchtlinge, die an seiner Küste heimatlos ankamen, hat er in dem ohnehin fast verwaisten Dorf angesiedelt, wo sie in Gemeinschaft ein neues Leben beginnen können.

Montag, 13. Februar

Mit PHILIP habe ich mich um 17.15 Uhr an der Frauenkirche verabredet, ich finde ihn aber nicht. So gehe ich zur Verabredung der ABC-Tischler, um mit ihnen gemeinsam an der Menschenkette teilzunehmen. Schließlich stößt zu uns ein großer, junger Mann, den ich für Philip halte. Es sind so viele Männer, denen ich wöchentlich begegne, man kann sich die Gesichter unmöglich alle merken. Jegliches Foto karteimäßig anzufertigen, haben wir Lehrende uns einvernehmlich untersagt; wir wollen nicht den Verdacht auf Registrierung erwecken, den Bürokratismus, den alle so fürchten, nicht in unseren familiären Kreis holen.

Der junge Mann ist HAFEZ aus Syrien, den ich eigentlich kennen müsste, aber ich war ganz in Erwartung von Philip. Wir ziehen gemeinsam zur Hofkirche, wo wir uns einreihen, an den kalten Händen halten und schweigend das Geläut aller Glocken der Stadt abwarten.

Dienstag, 14. Februar

Bin um 15 Uhr im Lichthof zur Stelle, wo Peter wieder die Hände zum Himmel erhebt – keine Lehrer! Das gab es noch nie, und tatsächlich kommen sie noch nach und nach. Auch YAKOOP kommt gutgelaunt wie immer. Ich gebe ihm ein kleines Heft, das ich für MARAM angefertigt habe: ein paar Bilder aus der Gemäldegalerie, die wir gemeinsam gesehen haben, als Erinnerung und mit den entsprechenden Wörtern zum Lernen.

Als Yakoop geht, kommt PHILIP, er sagt, er sei an der Frauenkirche gewesen und hätte mich nicht getroffen. Am Wochenende kommt seine Freundin aus Dänemark, ob ich sie durch die Galerie führen könnte?

Mittwoch, 15. Februar

NAVID KERMANI ist hier, auch anlässlich der Februar-Ereignisse. Ich habe sein Buch über das Christentum »Ungläubiges Staunen« gelesen, ja ich lese es immer wieder. Auch ich staune wahrhaft ungläubig; seine Sicht als Muslim auf die Gemälde der Alten Meister fasziniert sicher nicht nur mich. In Kermanis Kapitel zu CARAVAGGIOS DIE OPFERUNG ISAAKS finde ich die Antwort zu unserer Frage im Gespräch vor dem Gemälde ABRAHAMS OPFER von ANDREA DEL SARTO. *»Ja, Gott befiehlt, der Mensch gehorcht. Aber dazwischen öffnet sich der große, weite Raum der Entscheidung, die nicht blind sein darf, um Hingabe zu sein.«*[27]

Heute erlebe ich einen ganz anderen Navid Kermani in einem Podiumsgespräch im Dresdner Schauspielhaus über aktuelle politische Fragen, gemeinsam mit dem Autor Marcel Beyer.

Als Dritter – nicht angekündigt – ist noch ein Engländer dabei, mit korrektem Anzug, dazu rote Schuhe und orangefarbene Socken, schon etwas älter, der Mann.

Seine Statements sind für mich eindeutig die klarsten und eindringlichsten. Er sagt, dass es bis zu dem Krieg, der 1991 in Jugoslawien begann, keinen derartigen Konflikt in Europa gab, die Gefahr eines Weltkrieges bestand nicht, auch nicht während des kalten Krieges zwischen USA und Russland. Aber von da an verlief die Entwicklung anders. TRUMP will Krieg mit China, das habe er klar ausgesprochen.

Das Haus ist besetzt bis zu den oberen Rängen, viele junge Leute, die Disziplin ist wohltuend.

Aufgefordert, sich anschließend zu äußern, werden einige kurze Statements abgegeben und wenige knappe Fragen gestellt, alles korrekt und niveauvoll. Und ausnahmslos positiv! Von seinem Bruder, kann Kermani berichten, dass er Arzt und Psychologe sei und gemeinsam mit seiner Frau äußerst aktiv ist in der Flüchtlingshilfe, vor allem an der griechischen Grenze.

Donnerstag, 16. Februar
Im Lichthof, wo die Tische aufgestellt sind, winkt mir ein junger Mann zu, ich denke es ist PHILIP. Sage ihm, dass eine Führung durch die Galerie am besten Sonntag stattfinden könnte. Der junge Mann nickt freudig, sagt, er heiße zwar nicht Philip, sondern HAFEZ.

Jetzt bin ich ganz verwirrt, erzähle von dem, der ihm so ähnlich sieht. Und als ich von Philips Freundin in Dänemark erzähle, sagt Hafez lachend »ich bin Philip«. Ich muss die beiden endlich nebeneinander sehen und miteinander bekannt machen, sonst finde ich da nie mehr heraus.

Sonnabend, 18. Februar
Am Nachmittag erscheint auf meine Einladung hin die schöne Familie ALHOSSIN im Museum – ein Auftritt wie im Film. MARAM von Kopf bis Fuß in Schwarz gehüllt, auf ihrem Arm das Töchterchen ganz in Rosa. YAKOOP im üblichen Männerlook, aber die Größe, die Haltung, das schöne Gesicht mit den schwarzen Kräuselhaaren – alle Drei strahlen sie Glück aus.

Maram umarmt mich heftig und warm, sie ist auch ganz warm und wundert sich über meine kalten Hände. Das schönste ist – MARIA strahlt mich an mit dem bezauberndsten Lächeln unter ihren langen Wimpern und den feinen Ringellöckchen.

Papa ist ihr ein und alles, aber Ruhe für Mama erlaubt sie nur sehr unwillig. Ab und zu kreischt sie auf, wenn es nicht nach ihrem Köpfchen geht. Da sehe ich schon eine kleine Tyrannin heranwachsen. Ich habe ihr ein Büchlein mitgebracht, noch eilig vorher besorgt, aber das interessiert sie nicht lange. Papas Smartphon und dazu noch ein Handy, auf dem er sie anruft, das ist ihr ein Vergnügen; sie hält beide Geräte in ihren Händchen mit den rotlackierten Nägeln wie ein Heiligtum.

Maram ist sehr gelehrig und geduldig bei der Sache, wir können für den Anfang schon allerlei tun. Nachdem ich Maria schon mit einigen syrischen Keksen das Mäulchen gestopft und die Perlentränen getrocknet habe, höre ich besser auf. Wie soll man so ein Engelchen erziehen?

Dienstag, 21. Februar
YAKOOP fragt am Ende des Unterrichts, ob ich morgen mit ihnen zur AMBULANZ für Flüchtlinge gehen könnte; Maria soll geimpft werden. Wir verabreden uns für elf Uhr.

Mittwoch, 22. Februar
Der Warteraum ist überfüllt, es geht ganz langsam nur vorwärts, obwohl es mehrere Ärzte für verschiedene Sprachen gibt. Nach zwei Stunden sind wir noch nicht an der Reihe. MARAM sitzt ganz geduldig, und MARIA ist lieb und lacht mich an.

Ich unterhalte mich mit einer schönen iranischen Mutter, die sehr gut Englisch spricht. Sie hat ein entzückendes Knäblein auf dem Schoß, der Papa ist nicht minder ansehnlich. Dieses Kind, das erst ein halbes Jahr ist, lacht mich nicht nur an, es spreizt graziös die winzigen Finger und winkt mit einer Bewegung, die »komm zu mir« andeuten könnte.

Für mein Kompliment, das Kind betreffend, dankt die Mutter. Auffallend und wohltuend für mich, ist die wunderbare Übereinkunft dieses Paares, wie überhaupt die entspannte Atmosphäre mit vielen Kindern in diesem Raum; niemand ist genervt oder unwillig wegen der langen Wartezeit. Auch Maram ist von dieser Ruhe; sie nimmt ganz selbstverständlich den Jungen auf den Arm und ist begeistert von ihm. YAKOOP und Maria aber sehen etwas betreten drein, sind sie eifersüchtig?

Am Nachmittag setze ich mich zu einem Afghanen an den Tisch, er sitzt da, still und stumm. Ich muss ihn aus der

Reserve locken, indem ich meinen Namen nenne und nach seinem frage. Da legt er seine Aufgaben auf den Tisch, von der Volkshochschule im B1-Kurs.

Es sind wieder die kniffligen Fragen nach »obwohl«, »als« oder »wenn«. Er stellt sich geschickt an, sagt aber, dass es ihm schwer fällt, immer wieder, er ist fast zwei Jahre hier.

Seine Augen sind traurig, und als ich weiter frage, erzählt er, er habe seine Familie, Frau und zwei Kinder in Afghanistan, sie bald einmal wiederzusehen, sieht er keine Möglichkeit.

Für seine Verhältnisse hat er schon ziemlich viel Geld bei einem Anwalt gelassen, gegen die staatlich eingeleitete »Abschiebung«, kann der Anwalt nur einen Stop erwirken, ein Bleiberecht nicht.

Mit seinem Beruf als SCHWEISSER könnte es gelingen, einen Ausbildungsplatz zu bekommen, er bemüht sich darum. Er sagt, er wohnt mit einem Mann zusammen in einer WG, und wenn dieser nicht zu Hause ist, dann hält er es auch nicht allein in der Wohnung aus.

An unseren Tisch kommen PHILIP und drei junge Syrer, munter und klug. Sie üben lautstark und lachend, auf Deutsch eine Party vorzubereiten. »Und wer soll das alles bezahlen« frage ich. »Gabriele natürlich!« Ich möchte meinen Nachbarn in ihr Gespräch einbeziehen, er will es auch, aber das fröhliche Lachen fällt ihm schwer. Für mich ist die Unbeschwertheit der anderen genau das, was ich heute brauche, bloß keine Sätze mehr mit »obwohl«. Zeitweilig setzt sich auch NAJIB an unseren Tisch. Er hat auch noch kein Bleiberecht, aber seine Eltern und Geschwister sind hier.

Dienstag, 28. Februar

Dieser Monat endet mit dem Faschingsdienstag. Im Februar 1945 war es der erste Tag der vollständigen Zerstörung der Stadt. Peter hat eine Karnevalskappe aufgesetzt und verkündet stolz, die hätte er einmal in Köln bekommen. Er verteilt Bonbons.

Es ist so voll und so laut, dass ich mein eigenes Wort kaum verstehe. Mit am Tisch sitzt die sympathische PEGGY mit ALI und noch anderen Pakistani. Sie ist eine phantastische junge Lehrerin, streng, aber immer für Späße zu haben. Sie hat Kopien von Suchbildern mitgebracht, wir suchen die Fehler gemeinsam, aber die Ausländer müssen sie in ganzen Sätzen erklären.

Zum Beispiel: auf dem oberen Bild ist die Gardinenstange anders gestaltet als auf dem unteren, oder: die lange Schnur der Lampe liegt hier auf dem Boden, während die Lampe unten eine kurze Schnur zum An- und Ausknipsen hat.

Als Peggy fragt: »Gibt es in Pakistan im Winter mehr Schnee als in Deutschland?« antwortet Ali einfach mit »ne, ne!« Wir lachen sehr, weil das nun wirklich kein vollständiger Satz ist. Es ist herzerfrischend.

Mittwoch, 1. März

YAKOOP wird heute Abend bei einer Bekannten von mir einen Sportwagen für Maria abholen, der dort nicht mehr gebraucht wird. Ich gebe ihm die Adresse, er traut es sich allein zu, dahin zu fahren.

Im Stadtmuseum ist heute HAFEZ mein einziger Schüler. Er will nichts lesen oder schreiben, nur sprechen. A1 und A2 hat er abgeschlossen, jetzt lernt er weiter in einem Deutschkurs der INLINGUA-Sprachschule. Er ist sehr intelligent, hat nach dem Abschluss der 12. Klasse in Damaskus drei Jahre Geologie studiert. Aus Angst zur Army geholt zu werden, ist er für zwei Jahre nach dem Libanon gegangen. Hier hat er Computer und Handys repariert, aber zu wenig verdient. Im Internet hört er, er könne in der Türkei problemlos weiter studieren. Aber als er dort ankommt, merkt er bald, dass es hier nichts weiter als Schwierigkeiten für ihn gibt.

Er wohnt zusammen mit acht Männern in einem Schlafraum. Geld hat er nicht, bekommt auch vom türkischen Staat keines. Die türkische Sprache zu erlernen, kostet auch Geld, aber ohne diese kann er keinen Job bekommen. Sein gutes Englisch hilft ihm auch nicht weiter. So entschließt er sich, wie viele andere, nach Deutschland zu gehen.

Bis hierher kann er mir sehr langsam und in gebrochenem Deutsch seine Geschichte erzählen, Englisch möchte er dazu nicht nutzen, weil er schnell ein gutes Deutsch sprechen lernen will.

Es hat fast zwei Stunden gedauert, weil ich ihn immer wieder korrigieren sollte. Am Ende sagt er: »Ich danke Ihnen für Ihr Interesse und für Ihre Geduld«. Jetzt bin ich erschöpft und will um viertel vor fünf gehen. Da ruft ein junger Syrer, einer von den ewig Lachenden: »Gabriele, was ist, es fehlen noch 15 Minuten?« Die ganze Runde um Stefan und seine Zeitung lacht, und ich sage: »Wenn ich von euch weggehe, ist mein Kopf leer, ich muss ihn dann in Ruhe wieder füllen.« »Ja«, lacht er, »der Stefan verschwendet auch unsere Zeit«.

Das war natürlich ASFUR, unser Vögelchen.

Kapitel 15
Wir fahren nach Hamburg

»Wer das Rechte tut und gläubig ist, sei es Mann oder Frau, dem werden wir ein gutes Leben geben. Und wir werden ihn nach seinen besten Werken belohnen.«[28]

SURA AN-NAHL (16) VERS 97

Donnerstag, 2. März
Am Nachmittag hat MARAM ihr erstes Interview in der Ausländerbehörde, sie hatten mich gebeten, mitzukommen. MARIA lässt sich heute von mir schon auf den Arm nehmen. Die Amtsdame ist diesmal freundlich, es geht nur um Papier, aber das hatten wir gestern alles schon vorbereitet und geben es nur ab. Als ich frage, was sie heute noch vorhaben, sagt YAKOOP seelenruhig: »Wir fahren nachher nach Hamburg.« Das sind vier Bahnstunden von Dresden aus. Ich freue mich für ihn, dass er nach langer Zeit seinen Bruder, der in Hamburg lebt, wiedersehen kann. Ich wünsche ihnen viel Freude, da sagt Yakoop den schönen Satz: »Wir werden dich vermissen.«

Mittwoch, 8. März
Als ich zum Museum komme, sitzt YAKOOP schon da. Er sieht vergnügt aus, gestern Nacht sind sie von Hamburg zurückgekommen. Jetzt muss er mir alles erzählen, auch aufschreiben, als Übung für die bevorstehende Prüfung. Von der Stadt haben sie nicht viel gesehen, das Wetter war nicht gut, und außerdem wohnen Bruder und Cousin nicht im Zentrum. Ohne Auto dahin und wieder zurück zu kommen, kostet Fahrgeld. Sie wären in der Moschee gewesen und im MARKET, einem Billigmarkt. Maria hat zu allen syrischen Männern »PAPA« gesagt.

Sonnabend, 11. März
Im DYNAMO-Stadion findet eine Ausbildungsmesse statt, zu der ich YAKOOP bestellt habe. Es geht um die Möglichkeit für ihn, eine Ausbildung an der Medizinischen Akademie in Richtung Pflegeberufe zu beginnen. Die Hürden, die genommen werden müssen, werden nicht verschwiegen, immer wieder wird zuerst Deutsch verlangt. Yakoop ist sehr unruhig, schaut immer wieder auf das Handy, er hat MARAM und das Kind in der Centrumsgalerie abgesetzt, zum ersten Mal ist sie allein in der Stadt, im Kaufhaus. Das ist die erste Hürde für ihn, die Familie langsam zu integrieren.

Dienstag, 14. März
Am Nachmittag erwartet mich YAKOOP mit einem Brief vom Jobcenter, den er nicht versteht.

Und es bittet ein Mann aus Afghanistan um Hilfe bei seinen »Schritte Plus«-Übungen, ein Buch vom HUEBER-Verlag. Bei den Texten sträubt sich mir alles; an winzig kleinen, uneindeutigen Bildchen, soll erklärt werden, »was irgendwann einmal schief gehen könnte.«

Dabei taucht auch das Wort »Panne« auf. Dazu brauche ich kein Bildchen; ich erkläre, was »Panne« bedeutet und lasse meine beiden selbst Beispiele aus dem Alltag nennen, wo etwas schief gehen kann. Dafür sind sie dankbar, weil das Sprechen, auch bei Yakoop, immer noch nicht gut geht.

Dann müssen wir noch zwei Marokkaner an unseren Tisch nehmen, sie sind auch schon ein Jahr hier, weil sie, wie sie erklären, in ihrem Land keine oder nur schlecht bezahlte Arbeit finden. Einer ist Schneider, der andere Stubenmaler. Krieg gäbe es natürlich nicht.

Ich frage sie, ob sie wissen, dass sie kein Bleiberecht bekommen werden. Ja, das wissen sie, hoffen aber auf ein Wunder. Übrigens wohnen sie in einem Hotel, das zu einem Flüchtlingsheim umfunktioniert wurde. Es wird gemeinsam gegessen, dreimal am Tag. Dafür müssen sie fast ihr ganzes Geld vom Sozialamt hinlegen. Aber es schmeckt nicht, immer nur Kartoffeln oder Nudeln. Und sie schwärmen von marokkanischen Tajinen, diesen äußerst schmackhaften Gemüseeintöpfen. Das ist das Stichwort, um von meinen Marokko-Reisen zu erzählen. Bei jeder Stadt, die ich nenne, steht Freude und Stolz in ihrem Gesicht.

Mittwoch, 15. März
Heute müssen zu den kleinen Tischen weitere zwei große Tische aufgestellt werden. Das Café im Stadtmuseum platzt aus den Nähten. Für Besucher des Cafés müssen ohnehin zwei Tische frei bleiben. Mich wundert, dass sich die Dresdner noch nicht beschwert haben, dass sie ihren Kaffee mit so vielen Ausländern trinken müssen.

CLAUDIA vom Umweltzentrum schrieb den »teachers« eine begeisterte mail – es wären am Dienstag 70 Lernende und 19 Lehrende da gewesen, was nicht nur für unsere »Daseinsberechtigung« spricht; »Ihr seid Wahnsinn!« schreibt sie. »Und auch deswegen gehen wir am Sonnabend zur Oberbürgermeistersprechstunde und kämpfen für den Fortbestand der Tische.«

Das Gehalt für GEOFFREY wurde gestrichen, weshalb er nach Australien zurückgehen musste. NAJIBULLAH wurde als BUFDI an seine Stelle gesetzt mit einem geringen Verdienst. Ein kleiner ALI aus Afghanistan mit treuherzigem Blick bittet YAKOOP, sich mit an den Tisch setzen zu dürfen, er habe die Regel für den Unterschied zwischen DATIV und AKKUSATIV noch nicht verstanden. Was ich nicht verstehe: warum genügt es nicht, zu lernen, dass ich »auf dem Stuhl« sitze und »den Mann« sehe. Wozu brauche ich da noch die Frage »Auf wem oder was sitze ich?« Ich erkläre es Ali, er bedankt sich mit warmem (Dativ!) Blick und den Worten »Danke, Frau Gabriele«.

Die zwölfjährige FATIMA kommt mit ihrem Papa an unseren Tisch. Sie plaudert mit uns wie ein deutsches Kind, während der Papa nur mühsam ein paar Worte buchstabieren kann. Weil ich noch einen anderen Termin habe, übergebe ich Yakoop die Stelle des Lehrers mit den beiden Männern, worauf er sich mächtig ins Zeug legt.

Sonnabend, 18. März
Zur Zeitungsschau mit Stefan kommen HASIBULLAH und Peter. Jetzt reden zwei deutsche Männer zwei Stunden auf den armen Jungen ein. Sie wollen ihm helfen, eine Möglichkeit zu finden, sein Informatikstudium fortzuführen, das ist natürlich wichtig. Ich bemerke seine müden Augen und hole ihm etwas zu trinken. Wir denken oft nicht daran, dass so ein Redeschwall in einer fremden Sprache eine doppelte Gehirnleistung bedeutet. Mir brummt nach zwei Stunden ja auch der Kopf. Von einigen Männern habe ich schon von Schlafstörungen gehört, vor allem in den Unterkünften mit Familien und Kindern.

Dienstag, 21. März
Peter hat wieder eine Überraschung für uns. In Afghanistan wird heute das NEUJAHRSFEST gefeiert. Er hat auf einem Tisch Äpfel und gefärbte Eier aufgehäuft, jeder darf sich bedienen. Nur ein paar herzliche Worte von Peter, dann geht das Lernen weiter. YAKOOP hat am Sonnabend B1-Prüfung. Ich lasse ihn eine Einladung zu seinem Geburtstag schreiben und eine Antwort von seinem Freund dazu. Er macht das ganz gut, aber morgen wollen wir weiter üben.

Eine Meldung im Radio: von 23 Millionen Menschen, die in Syrien lebten, ist die Hälfte auf der Flucht.

Zweite Meldung: 300 Millionen Euro sollen angeblich für Deutschkurse ausgegeben worden sein; der größte Teil wurde veruntreut.

Mittwoch, 22. März
Heute sind es mit YAKOOP drei Syrer, die ihre Prüfung vorbereiten wollen. Sie haben ein Heft mit vielen Fragen und Aufgaben. Eine Geschichte soll übersetzt werden, sie lautet: »Das Mehrgenerationenhaus«. Nur einer von den Dreien kann das Wort flüssig aussprechen, erklären, was es bedeutet, kann niemand. Also müssen wir erst einmal klären, was Generationen sind, um der Besonderheit dieses Zusammenwohnens auf den Grund zu gehen.

Kapitel 16
Maram Alabd Alkarim

»Wenn eine selbstbewusste muslimische Frau ein Kopftuch trägt, erhält sie oftmals mitleidige Blicke und muss immer wieder die selben Fragen beantworten: Ist es Ihnen nicht zu heiß unter dem Tuch ...?«[29]

SHERIF ABDEL AZIM

Dienstag, 28. März
YAKOOP berichtet von seiner Prüfung, das Ergebnis bekommt er erst in vier Wochen. Was er für ein Gefühl hat, kann er nicht sagen, es wäre beides möglich: bestanden und nicht bestanden. Jetzt ist der Deutschkurs beendet, er hat nichts zu tun, auch dann nicht, wenn er das Ergebnis weiß. Ich frage nach MARAM, wollen wir mit ihr lernen? Da sagt Yakoop:

»Sie will nach Hamburg ziehen.«

Ich frage »Was willst du?« Er sagt, er möchte gerne in Dresden bleiben, er fühle sich hier schon ein wenig zu Hause. Wieder biete ich Unterricht für Maram an, frage, was sie den ganzen Tag macht. Da sagt er kleinlaut, sie sieht fern und spielt mit dem Handy, natürlich auch mit MARIA.

Mittwoch, 29. März
Ich berichte STEFAN von dem Plan der Familie, nach Hamburg zu gehen. Er sagt, er könne das zwar verstehen, es leben dort viele Ausländer, auch zusammen in Stadtvierteln, so ähnlich wie in Berlin. Natürlich ist es für Frauen leichter, sie müssen sich nicht zwangsläufig integrieren, brauchen keinen Beruf, wenn sie sich um die Kinder kümmern. Und diese gehen sowieso ihren Weg in die Integration, über den Kindergarten und über die Schule.

Aber, sagt Stefan, eine Betreuerin wie mich zu haben, das würde auch dort nur wenigen gelingen, es wäre so etwas wie ein Lottogewinn. Ich denke, ein echter Lottogewinn wäre der Familie wahrscheinlich lieber.

Mittwoch, 5. April

Zunächst muss hier alles weiter gehen. Ich vermisse YAKOOP, denn ich habe drei Termine für ihn. Morgen ist eine Zusammenkunft bei der Gewerkschaft Erziehung und Wissenschaft, dabei geht es um die Eingliederung von ausländischen Lehrkräften in den Schuldienst. Außerdem habe ich einen Termin beim sächsischen Flüchtlingsrat und am Sonntag einen schönen Familientermin.

Ich habe ihm alles per Mail geschrieben, aber er hat nicht geantwortet, auch meine Anrufe auf seinem Handy gehen ins Leere.

Statt seiner sitzt heute DAUD aus Afghanistan am Tisch. Er ist auch Arabischlehrer und hat eine Aufgabe, bei der er von seiner Tätigkeit in KABUL berichten soll. Bei der Nennung seiner Arbeitszeit besteht er darauf, dass sie von Sonntag bis Donnerstag geht, was ich zuerst nicht verstehe. Das Wochenende der Muslime beginnt mit dem Freitag, der ein Feiertag ist, und es geht bis Sonnabend.

In der Straßenbahn treffe ich EMAD ALAZZAWI, den Arzt aus dem Iran, der mir heute viel besser gelaunt vorkommt und wieder mit weißem Hemd wie aus dem Ei gepellt ist. Ja, er könne ein paar Stunden im Josefstift arbeiten. Er freut sich, mich zu sehen, ehe ich aussteige, können wir noch die Telefonnummern tauschen.

Freitag, 7. April

YAKOOP bleibt verschollen. Ich gehe allein ins Büro der Gewerkschaft in der Cottaer Straße 4.

Gekommen sind Lehrkräfte aus Libanon, Syrien, Irak. Es geht sehr bewegt und temperamentvoll zu. Vor allem Frauen ohne das obligatorische Kopftuch geben erregt und in gutem Deutsch ihre Erfahrungen und Enttäuschungen zu Gehör.

Daraus entnehme ich, dass es trotz Lehrermangel in Sachsen sehr schwer ist, hier als Lehrer einzusteigen. Man müsste ein zweites Fach unterrichten. Nicht nur die Befähigung in der deutschen Sprache (B2 bis C1) ist entscheidend, es müssen auch sämtliche Zeugnisse und Schulabschlüsse aus dem Heimatland vorgelegt werden. Und nicht nur das, sie müssen übersetzt und anerkannt werden. Eigentlich leuchtet das ein, aber wer diese Papiere nicht hat – und Yakoop hat sie nicht alle – für den ist es fast unmöglich, sie nachgeschickt zu bekommen.

Montag, 10. April
Noch immer keine Spur von YAKOOP. Ist er wieder in Hamburg? Jetzt gehe ich auch zu ANDRE KOSTOV, dem Arbeitsmarktmentor, am Dammweg 5, allein zum Termin. Es ist ein angenehmes Gespräch, aber ohne den eigentlichen »Gegenstand« ziemlich vergeblich.

Dienstag, der 11. April
In der Hoffnung, YAKOOP zu sehen, gehe ich ins Stadtmuseum und werde nicht enttäuscht.

Sorgen habe ich mir noch nicht gemacht, denn außer den Problemen mit der Verständigung kann vielerlei eintreten, was einen Flüchtling in einer ihm immer noch fremden Welt beschäftigen kann. Gespannt begebe ich mich heute zu den ABC-Tischen, wie an jedem Dienstag Nachmittag, nun schon seit fast zwei Jahren.

Kapitel 17
Kheybay, der Schweißer

»... Obergrenze festlegen, Einwanderung stoppen. Wer hier nichts verloren hat, muss zurück ...«[30]

STEFAN BRANDNER,
SPITZENKANDIDAT DER AFD IN THÜRINGEN

Mittwoch, 12. April

Der Café-Raum im Stadtmuseum ist bereits sehr gut gefüllt, so dass es schon schwer ist, einen freien Platz zu finden. NAJIBULLAH, der eine Woche zu einem Lehrgang war, begrüßt mich freudig und schiebt mir gleich den jungen KHEYBAY NIOZOI, den Schweißer zu, der wieder gezielt eine Aufgabe auspackt, weil er sich auf die B1-Prüfung vorbereitet. Er ist ein kleiner, kräftiger Mann. Auf seinem Handy zeigt er stolz Schweißnähte, die er in Afghanistan angefertigt hat; es sei schwierig, sie so gerade zu ziehen.

Inzwischen ist YAKOOP verspätet eingetroffen, und ohne dass ich näheres über seine Abwesenheit erfahren konnte, hat er mir einen Brief vom Bürgeramt hingelegt, in dem er aufgefordert wird, für MARIA, sein Kind, eine legalisierte Geburtsurkunde und eine ebensolche Heiratsurkunde, beide übersetzt, vorzulegen. Ich sage, da gehen wir gleich hin. Aber er hat die Papiere nicht dabei, jagt mit dem Rad nach Hause und kommt zum Treffpunkt am Bürgeramt in einer Stunde zurück.

Erst um halb sieben kommen wir wieder heraus. Vor uns sind 25 Personen mit Nummern an der Reihe. Da haben wir nun genügend Zeit, um über alles zu sprechen, was Yakoop davon abgehalten hat, auf meine Rufe zu antworten. Er war für zwei Tage bei syrischen Freunden in Halle, da ging sein Handy kaputt, außerdem wurde er krank. Das Handy – der Draht zum Leben für seinesgleichen – wurde von einem

Freund repariert. Aber inzwischen ist MARIA erkrankt, an einer Magen-Darm-Infektion. Sie sind Sonntag Nacht nach Dresden zurückgekehrt und in die Medizinische Akademie gefahren. Dort mussten sie vier Stunden warten, bevor sie notversorgt wurden, aber mit der Aufforderung, einen Kinderarzt aufzusuchen. Sie suchten am Montag danach, wurden aber weggeschickt wegen fehlender Kapazitäten und Termine. Ich höre, dass es dem Kind inzwischen besser geht, sie aber weiter nach einem Arzt suchen.

»Was hast du noch für Probleme«, frage ich ihn. »Tausend«, ist seine Antwort. Und langsam, so wie es sein Deutsch erlaubt, erfahre ich, dass er sich um seine Eltern in Syrien Sorgen macht. Aus dem Teil des Landes, in dem sie bis jetzt lebten, sind sie auf die Flucht gegangen, weil es da kaum noch Lebensmittel und Medikamente gibt, auch Strom ist knapp und Wasser. Die Verbindung über Handy gelingt nur an wenigen Tagen, weil es nicht immer einen Satelliten gibt, der das Telefonieren ermöglicht.

Grund der schwierigen Lebensbedingungen im Lande ist ISIS, wie er mir sagt. Diese Organisation beherrscht alles, ist reich und korrupt. Sein Vater, wie ich weiter höre, ist mit seiner Mutter und einer zweiten Frau, sowie mit zwei weiteren Geschwistern von Yakoop und einer Großmutter als Großfamilie unterwegs, und sie wohnen zur Zeit in einem Zelt an der Grenze zur Türkei. Von kurdischen Bevormundungen berichtet er auch, aber das zu erklären, reichen seine Sprachkenntnisse und mein politisches Verständnis nicht aus.

Es gibt weitere amtliche Briefe; wir haben vergessen, das Ablaufdatum von MARAMS Visum Ende März zu beachten, jetzt wird ihr der Geldhahn zugedreht. Aber das können wir schnell lösen. Wenn er in finanziellen Schwierigkeiten ist, möge er es mir sagen, lasse ich ihn wissen. Zu allem sagt er nur immer: »Viele Dank«. Es gibt noch weitere »Leichen im Keller«, aber darüber sprechen wir später. Als nächstes muss ich einen Arzt finden, der die Familie bei sich aufnimmt. Was wird aus Hamburg? Ich frage nicht.

Donnerstag, 13. April
Wie klein sind auf einmal die eigenen Probleme. Sind es überhaupt welche?

Zu den drei Schülern an meinem Nachmittagstisch sage ich: »Seid froh, dass ihr hier seid.«

Heute berichtet KHEYBAY mir noch, dass auch er den sogenannten ABSCHIEBEBESCHEID bekommen hat. Mit einigen hundert Euro hat er sich einen Anwalt genommen und einen Abschiebestop erreicht, für eine längere Zeit. Er zeigt mir einen Vertrag mit der Handwerkskammer, den er bereits unterschrieben hat. Er kann drei Monate an einem Lehrgang teilnehmen, um den Schweißerpass in Deutschland zu bekommen. Nur ist noch nicht geklärt, ob die 8000 Euro, die das kostet, von der Agentur für Arbeit gezahlt werden. Dieser Junge blättert seelenruhig in all den Papieren, die für mich völlig unverständlich sind, ich kann nur staunen. Tapfer wurstelt er sich hier durch die Bürokratie, fern der Heimat. Dort leben seine Frau und zwei Kinder.

Heute sollen sie schriftlich eine Einladung an die Nachbarn üben. Der ausländische Bewohner soll ihnen mitteilen, dass er jetzt hier wohnt; er möchte sie kennen lernen und lädt sie zu Kaffee und Kuchen ein. Den Termin mögen sie bitte selbst bestimmen.

Gemeinsam lösen wir die Aufgabe, zu zweit stellen sie sich sehr geschickt dabei an. Anschließend frage ich sie: »Wie ist das in euerm Land? Würdet Ihr auch so einen Brief schreiben?«

Die beiden lächeln ein wenig mitleidig. Nein, das wäre nicht nötig. Die ganze Nachbarschaft weiß es bereits, wenn eine Familie einzieht. Und sie kommen alle mit Kuchen oder Essen, weil sie wissen, zum Kochen und Backen haben die neuen Mieter jetzt keine Zeit.

Ja, das war wieder eine Lektion für mich. Aber als wir das Gespräch weiter führen und ich frage, wie sie die Dresdner so allgemein einschätzen, sind sie etwas einsilbig; sie wollen mich nicht kränken. Aber ihre Erfahrungen mit Deutschen gehen seit ihrer Ankunft schon etwas über Dresden hinaus. Frankfurt am Main, Stuttgart, Berlin und Hamburg, hier haben sie sich bei Besuchen wohler gefühlt. Nach Leipzig, Chemnitz und Zwickau möchten sie nicht unbedingt fahren.

Ich versuche mit wenigen Worten, die schon ihrem Wortschatz entsprechen, eine Erklärung dafür zu finden. Da sagt dieser kleine Schweißer, er wäre oben – und zeigt mit dem Finger an die Decke, über der sich das Stadtmuseum befindet – gewesen und hätte gesehen, dass Dresden im Krieg vollständig zerstört war und dass die Menschen flüchten mussten. Ob sie das denn vergessen hätten?

Kapitel 18
Hafez wird schwermütig. Asat und die Polizei

»Um den Übergang von einem ausgefüllten und überschaubaren Alltag in den offenen, gleichsam zugigen Alltag eines Flüchtlingslebens zu erkunden, muss er wissen, was am Anfang war, was in der Mitte – und was jetzt ist…«[31]

JENNY ERPENBECK

Dienstag, 18. April

Mit dem heutigen Tag beginnt das gesellschaftliche Leben nach den Feiertagen wieder.

YAKOOP erzählt, sie wären mit befreundeten Familien im Zoo gewesen. Von Hamburg kein Wort.

Dann legt er mir einen dicken Brief hin – eine Vorladung zum Landesgericht in München. Er soll als Zeuge in einem Prozess gegen eine Schleuserbande auftreten. Wie er mir sagt, hat er den Bruder des Bootsbesitzers gesehen, das überfüllte Boot ist untergegangen, und einige seiner Landsleute sind ertrunken.

Wir sehen den Brief aufmerksam durch. Yakoop muss erscheinen, die Zeugenschaft ist Pflicht. Er bekommt alle Kosten erstattet, auch für ein Hotelzimmer; er könnte sogar eine Begleitperson mitnehmen, aber ich erkläre ihm, dass er mit hoher Wahrscheinlichkeit in seiner Sprache vernommen wird, und die Reise selbst ist ein Abenteuer, das er ganz selbständig bestehen kann.

Mittwoch, den 19. April

Am Nachmittag kommt YAKOOP zu spät, da haben mich schon zwei Afghanen eingefangen.

Ihre Namen konnte ich nicht verstehen, sie sagen sie immer ganz leise und schnell, aber sonst habe ich viel erfahren. Beide sind mit Familie hier, jeder hat ein Kind. Der Ältere ist Betonfacharbeiter, der Jüngere Stuckateur. Beide sind am Sprechen interessiert, und so haben wir über Gott und die Welt geredet, natürlich auch über den 38 Jahre währenden Krieg in Afghanistan.

Als HAFEZ sich auf meinen Wink hin zu uns setzt – anfangs bemerke ich ein leichtes Stirnrunzeln bei den beiden – dann ist auch der Syrienkrieg Gesprächsthema.

Mir ist es schon früher aufgefallen, dass Afghanen und Syrer sich nicht immer akzeptieren, nicht nur, weil die einen Arabisch, die anderen Persisch sprechen. Ich denke, die Afghanen leiden darunter, dass ihr Land nicht so hoch entwickelt ist wie Syrien. Und dass sie trotz Krieg in ihrem Land um das Bleiberecht und um Integrationskurse kämpfen müssen. Als Hafez ihnen die Hand gegeben und seinen Namen gesagt hat, da ist das Eis gebrochen, und wir haben uns recht gut unterhalten.

Der Betonbauer hat ein schneeweißes Hemd unter seiner Lederjacke, die Fingernägel sind tadellos manikürt. Er wohnt mit Frau und Kind in einem Hotel, das als Flüchtlingsheim umfunktioniert wurde. Zusammen mit vielen anderen Familien haben sie dort Gemeinschaftsverpflegung, aber keine Ruhe. Auf meine Frage, wie das Essen ist, sagen sie: die Deutschen essen zu viel Kartoffeln.

Der Jüngere wohnt in einer eigenen kleinen Wohnung und erklärt mir, sein Freund hätte ein »Problemchen«, weshalb er aus einer Wohnung wieder ins Heim ziehen musste. Was er sich zuschulden kommen ließ, habe ich nicht gefragt. Er muss eine Zeitlang warten, bis er wieder in eine Wohnung ziehen kann. Die Freiheit ist nicht grenzenlos.

Donnerstag, den 20. April

Heute haben »wir« einen Arzttermin für MARIA in einer Praxis in der Dresdner Neustadt bekommen. YAKOOP sagt ARTIST statt »Arzt«. Auch hier werden keine neuen Patienten aufgenommen, aber meine Patenschaft hat die Ärztin so überzeugt, dass sie nicht nur Maria, sondern alle Drei in ihre Kartei aufgenommen hat.

Ich stehe schon vor dem Haus, gegenüber der Lutherkirche, als die Drei ankommen, zu meiner Freude sitzt Maria im Kinderwagen, sie hat also die Scheu davor überwunden.

Die Ärztin ist sehr geduldig mit dem weinenden Kind, hört es ab und sieht in den Hals. Dann verschreibt sie drei verschiedene Naturheilmittel, u. a. homöopathische Kügelchen »zum Ankommen« wie sie sagt. Ich fürchte die Kosten, aber die Apothekerin sagt, für Kinder sei das alles kostenlos. In einem Türkenmarkt an unserem Wege kauft Yakoop für mich eine große Tüte Datteln aus den arabischen Emiraten. Ich muss sie nehmen, es ist ein Ausdruck von Dankbarkeit.

Dienstag, 25. April

Heute haben wir den Termin am Dammweg gemeinsam; zuverlässig und pünktlich ist YAKOOP da. Er ist Lehrer. Um diesen geht es auch in dem heutigen Gespräch. Wir bekommen eine weitere Adresse – das Netzwerk für Flüchtlingsarbeit ist weit gespannt. Das ist absolut notwendig, denn die Einwanderungszahl wird mittlerweile auf eine Million geschätzt.

André Kostov, selbst ein bulgarisches Einwandererkind, rät heute von einem Ausbildungsbeginn noch in diesem Herbst eher ab, er soll sich Bedenkzeit nehmen und weiter Deutsch lernen. Fast wie ein Seelsorger beschreibt er Yakoops Leben als ein Glücksfall mit vielen Vorteilen und Privilegien; die Nachteile nennt er natürlich nicht. Mein Eindruck von all diesen Ämtern: die einen füllen Formulare aus und handeln nach dem Gesetz, die anderen reden, vertrösten, rufen zu Geduld. Die existenziellen Grundlagen sind geschaffen, jetzt muss jeder allein schwimmen, wenn er »vom übervollen Boot der Geretteten« abgesprungen ist und die Entscheidung für sein weiteres Leben ganz allein treffen muss.

So verstehe ich die Zuwanderung: nur ein geringer Teil der Schwimmer wird es schaffen, das Ufer zu erreichen, wo das neue Leben beginnt. Und damit sind die Angekommenen noch immer fern ihrer Heimat. Die größte Entscheidung wird sein, ein deutscher Staatsbürger zu werden und hier zu bleiben, oder an Kenntnissen reicher in sein Land zurückzukehren.

Am Nachmittag treffen wir uns noch einmal im Stadtmuseum; ich hatte gebeten, MARAM möge statt seiner kommen, um zu lernen, er möge MARIA betreuen. Angeblich hat sie es nicht gewollt, das Wetter wäre zu schlecht.

Mittwoch, 26. April

Bevor YAKOOP eintrifft, kommt HAFEZ an meinen Tisch. Er wirkt wie immer sehr zerstreut, und ich versuche den Grund herauszufinden. Was er berichtet, ist besorgniserregend, so dass ich auch Yakoop in das Gespräch einbeziehe.

Zunächst hat Hafez seinen Anspruch als zweiter Mann in einer WG verloren, sein Vertrag geht bis 30. April. Es sieht sehr nach Mobbing aus, warum, kann ich natürlich nicht herausfinden. Traurig ist, dass er jetzt mit all seinen Sachen bei einem Freund in einem kleinen Zimmer untergekrochen ist, dass er nicht schlafen kann, geschweige denn für die Prüfung B1 lernen. So hat er den Termin dafür versäumt, er meint er müsse die volle Punktzahl bekommen, sonst hätte er keine Chance für ein Weiterkommen. Das reden wir ihm gemeinsam aus, die Anzahl der Punkte spielt überhaupt keine Rolle, wenn er bestanden hat.

Yakoop rät ihm, nicht auf WG-Adressen zu warten, sondern zum Wohnungsamt zu gehen. Ich meine auch, er sollte allein leben, aber offenbar fürchtet er sich davor.

Als Yakoop gegangen ist, rede ich noch eine volle Stunde mit Hafez und höre, dass er sich krank fühlt: Haut- und Nervenprobleme. Bei einem Hautarzt wäre er schon gewesen, aber der hätte gesagt, er sei gesund und hatte nichts weiter als Schmerzmittel für ihn, nicht einmal einen Hauttest habe er gemacht.

Ich gebe ihm meine Nummer, falls er Hilfe braucht. Man kann sie nur anbieten, die Hilfe. An die Hand nehmen, kann ich niemanden. »Komm am Sonnabend zur Zeitungsschau«, rufe ich ihm noch nach.

Sonnabend, 29. April

Er kommt nicht, niemand kommt. Schon will ich nach Hause gehen, da erscheint YAZAN, der Apotheker. Er kommt von der Arbeit in der Stadtapotheke, wo er zur Zeit tätig ist, parallel zu einem medizisch-pharmazeutischen Lehrgang, gemeinsam mit angehenden ausländischen Ärzten.

Wie er uns berichtet – in einwandfreiem Deutsch – steht ihm in absehbarer Zeit eine feste Stelle als Apotheker in Aussicht mit einem Gehalt von ca. 3000 Euro Bruttoverdienst. Wir plaudern ein wenig über unseren gemeinsamen Beruf.

Ich sage, ich würde ihm so gerne mein Zeugnis geben, denn ich brauche es ja schon so lange nicht mehr. Ich wüsste, wenn ich heute in einer Apotheke arbeiten würde, wahrscheinlich noch viel weniger vom Fach als YAZAN.

Zu Hause überlege ich, womit ich ihm eine Freude machen könnte. Ich besitze ein paar sehr alte Apothekengefäße; wenn ich ihm eines davon schenke, ob das einen Mann, der arm wie eine Kirchenmaus nur mit einem Rucksack nach Deutschland kam, ein wenig freuen könnte, einen wertvollen Gegenstand zu besitzen. Ich muss noch überlegen, kenne die Mentalität viel zu wenig.

Dienstag, 2. Mai

Der Besuch an den »Tischen« ist heute mäßig. YAKOOP kommt sehr spät, er hat drei Stunden beim Jobcenter gewartet wegen der monatlichen Zahlung an MARAM, sie hatten nach Ablauf ihres Visums nicht sofort reagiert und Verlängerung ihres Aufenthaltes beantragt. Jetzt blieb die Zahlung aus, sie sind in Geldnot, bzw. hat ein Freund etwas geliehen.

Inzwischen habe ich mit ASAT aus Afghanistan gelernt, er ist auf dem B1-Niveau, zeigt schwierige, grammatische Übungen, z. B.: Er hat eine E-Mail bekommen, die er an eine Frau weiterleiten soll, er soll sagen: er hat *sie ihr, oder sie an sie* weitergeleitet.

Er gibt sich große Mühe, aber plötzlich sagt er, er könne sich nicht konzentrieren, er habe gerade ein Erlebnis mit der Polizei gehabt und wisse nicht, was sich daraus für Konsequenzen ergeben könnten. Da hole ich gleich den schlauen Peter an unseren Tisch, der weiß hoffentlich mehr dazu zu sagen.

Asat war in der Straßenbahn, als er sah, dass an der Haltestelle Hauptbahnhof ein afghanischer Mann, den er kennt, auf der Straße lag. Außerdem standen noch zwei Pakistaner und ca. sechs Polizisten dabei. Asat ist ausgestiegen, um zu fragen, ob er helfen könne. Das hat die Polizei verneint, aber seinen Rucksack und seinen Ausweis kontrolliert. Der Afghane war betrunken und die Polizei schlug nach ihm, weil er sich gegen die Handschellen wehrte.

Da hat Asat ein Video mit seinem Handy gemacht, die Polizisten bemerkten es und forderten ihn auf, es zu löschen. Er tat es und entschuldigte sich wegen dieses Fehlers. Nach Rücksprache mit der Schießgasse, dem Polizeirevier, seinen Namen betreffend, ließen sie ihn gehen.

PETER hört sich alles aufmerksam an und sagt ihm, dass er nichts zu befürchten, da er sich entschuldigt und das Video gelöscht habe.

Dann schicke ich die beiden gestressten Männer nach Hause. Da taucht HAFEZ kurz auf, fröhlich wie mir scheint, er hat eine Wohnungsadresse, die er gleich aufsuchen wird. Ich habe für ihn eine Adresse von einem psychosozialen Dienst gefunden, die ich ihm gebe. Er möge dort anrufen, wenn es ihm nicht gut geht. Ich sehe Dank in seinen Augen.

Mittwoch, 3. Mai

YAKOOP soll heute im Jobcenter anrufen wegen des Unterhalts für MARAM und MARIA.

Er bittet mich, es zu tun. Um Ruhe zu haben, gehen wir auf den Hof. Ein freundlicher Beamter will mir gern Auskunft geben, Yakoop soll ihm aber sagen, dass er mich dazu bevollmächtigt. Danach erfahre ich, dass die Angelegenheit noch immer nicht mit gehörigem Nachdruck weitergeleitet wurde. Das kann ich jetzt mit meinem Anruf erreichen, der Beamte verspricht die Zahlung in spätestens fünf Tagen; außerdem dankt er mir für die ehrenamtliche Begleitung. Was will man mehr?

Dienstag, 9. Mai

Zwei mir lange bekannte Gesichter, Freunde aus Afghanistan, wie sie sagen, kommen an meinen Tisch. Einer heißt LOUIS, er sagt, er hätte mich lange nicht gesehen, denke aber immer noch gern an meine Galerieführung, davon weiß ich allerdings nichts Genaues mehr. Beide stehen vor dem Abschluss A2; was mich wundert, denn Louis spricht sehr gut und bestreitet die ganze Unterhaltung. Er zeigt einen Aufnahmeantrag für die Abendoberschule, er möchte danach eine Ausbildung machen, am liebsten als Koch.

Aber er hat kein Bleiberecht, sondern den Bescheid zur Ablehnung bekommen. Daraufhin hat er einen Anwalt genommen, sein Freund ebenfalls, denn auch er hat diesen Bescheid, während seine Mutter mit den zwei jüngeren Geschwistern bleiben darf. Beide sehen mich ratlos an, warum das? Der Anwalt weiß angeblich auch keinen Rat außer Aufschub. Das kostet jeden von beiden eine monatliche Rate von 75 Euro. Das müssen sie von den 356 Euro, die sie monatlich vom Jobcenter bekommen, bezahlen.

Beide erklären mir, sie würden, wenn sie Wahlrecht hätten, CDU und Merkel nicht wählen.

Sie hätte ihr Wort nicht gehalten und würde alle wieder zurückschicken. Daraufhin spreche ich über die anderen Parteien, die zur Debatte stehen, aber entweder zu schwach sind, um das Regierungsoberhaupt zu stellen, oder von Parteien, die überhaupt keine Ausländer hier wollen.

Im weiteren Gespräch berichtet Louis von seiner Flucht vom Irak, wo sein Vater lebt, über die Türkei nach Deutschland. Er ist allein vier Wochen zu Fuß gegangen, nachts hat er an der Straße geschlafen.

YAKOOP kommt etwas später mit seinem Zeugnis B1 dazu, also er hat bestanden. Mit dem Betrachten und Bewerten haben wir noch lange Gesprächsstoff, denn die Prüfung wird in drei Kategorien durchgeführt; für jede gibt es eine von 0 bis 60 Punktzahl. Im Schreiben und Hören hat Yakoop sie knapp, im Sprechen voll erreicht.

Hier noch eine Meldung aus den heutigen Nachrichten: im Jahre 2015 sind 86 000 Flüchtlinge nach Sachsen gekommen, davon sind inzwischen 42 000 nicht mehr im Lande. Warum, das geht aus dieser Meldung nicht hervor. Es heißt nur: 5500 wurden abgeschoben und 3100 wären freiwillig gegangen. Was war mit den restlichen 33 800?

Kapitel 19
Ich stehe schon vor deine Tore. Yakoops Meinung

»Du bist eine sehr nette Dame,
du verdienst das Beste…«

MARAM

Mittwoch, 10. Mai
Eigentlich ist das mein zweiter Unterrichtsnachmittag, aber ich bin niemandem Rechenschaft schuldig, außer YAKOOP, wenn ich einmal nicht komme. Dieser war gestern so schnell verschwunden, dass ich ihm nicht sagen konnte, dass ich heute Nachmittag bei der Enthüllung einer Gedenktafel eine Rede halten soll.

Also hat sich folgendes ereignet. Fünf Minuten bevor ich zu dem Gedenkort eilen will, ruft Yakoop an: »Hallo, Gabriele, wie geht es? Ich gehe zu Museum, aber Sie sind nicht da. Ich kann nicht bleiben, weil ich Süßigkeit für Sie von MARAM habe.«

Ich sage: »Hat das bis morgen Zeit?« »Nein« sagt Yakoop, »ich bin schon Ihre Haltestelle.«

Ich sage: »Yakoop, ich habe ein bisschen Sress wegen Zeit.« Da sagt er: »Ich stehe schon vor deine Tore.« Als ich zur Haustür komme, überreicht er mir eine große Schachtel mit zwölf warmen, syrischen Teigtaschen, die Maram offenbar gerade erst gebacken hat.

Was tun mit den noch warmen, leckeren Kuchen? Ich bin ja mindestens zwei Stunden weg.

Vier Stücke packe ich auf einen Teller, um sie in meine Nachbarwohnung zu bringen, vier weitere Stücke nehme ich am Abend zu meinem Enkel mit, nun habe ich immer noch vier Kuchen.

Am Abend schreibe ich Maram eine Mail und bedanke mich für die Köstlichkeit. Auch soll sie wissen, dass ich sie nicht allein verzehrt habe.

Donnerstag, 11. Mai
Postwendend kommt eine Mail zurück, über die ich an meinem PC schallend lache, obwohl mich niemand hört. (Ist das nicht ein schöner »obwohl«-Satz?)

»Liebe Gabriele! Du bist eine sehr nette Dame. Du verdienst das beste. Mit herzlichen Grüßen MARAM.«

Da wird wohl Yakoop die Hand auf den Tasten gehabt haben, aber auch für ihn ist das ein schöner, fast ein poetischer Satz.

Dienstag, 16. Mai
Die große Schachtel habe ich in meine Tasche gepackt, sie kann durchaus noch weitere Kuchen aufnehmen. Hineingelegt habe ich zwei kleine Bücher, die mir in einer Buchhandlung empfohlen wurden; es sind Bilderbüchlein zu bestimmten Themen (bei uns zu Hause, im Verkehr usw.), und jedes Wort ist dreisprachig, in Arabisch, Englisch und Deutsch. Wenn das keinen Spaß macht!

Aber Yakoop erscheint nicht wie gewohnt, das ist sonderbar, da muss er einen triftigen Grund haben. Morgen Vormittag haben wir einen Termin zusammen, ich schätze, er wird kommen.

Nachdem ich eine Weile noch gewartet habe, ehe ich drängende Männer nicht mehr abwehre, an meinen Tisch zu kommen, füllt er sich sehr schnell mit vier befreundeten jungen Afghanen, dazu die sechsjährige MARINKA, Töchterchen eines der Drei.

Den muntersten und auch den klügsten kenne ich bereits, die anderen nicht. Es gibt Aufgaben, Wortzuordnungen und Satzzeichensetzungen, die ich aber nur mit einem von ihnen erfolgreich lösen kann. Dann klappe ich das Buch entschlossen zu. Ja, sprechen das wollen immer alle, aber sie können es keinesfalls. Als ich frage, wie lange sie schon in Dresden sind, stellt sich heraus, dass sie alle schon über ein Jahr, sogar zusätzlich noch mehrere Monate hier sind und in eine Schule gehen. Das betrübt mich, und ich beginne ein Frage- und Antwortspiel, das sich auf Jahreszeiten, Monate und Wochen bezieht. Schlecht und recht können sie die Monate aufzählen, aber nicht der Reihe nach, von Frühling, Sommer, Herbst und Winter wissen sie überhaupt nichts zu sagen. Jetzt komme ich nur mit Gesten aus und mit Malen. Und ich erinnere mich an die Albaner, die das alles schon viel früher beherrscht haben. Einer der Vier schaut mir immer nur geringschätzig auf den Mund, anders kann ich es nicht verstehen, vielleicht ist es einfach nur Verständnislosigkeit, wie soll ich das wissen, wenn er kein einziges Wort spricht, nur gähnt. Aber die Vier sind sehr munter und geben sich alle erdenkliche Mühe. Da frage ich sie schließlich nach ihrer Religion, und da sie sich alle als MUSLIME bezeichnen, komme ich auf ein aktuelles Thema zu sprechen.

Am 27. Mai beginnt für sie wieder der RAMADAN und geht bis zum 24. Juni.

Es dauert lange, bis wir uns in dem Punkt verstehen, dass in Deutschland der Tag für sie länger sein wird, bevor die Sonne untergeht. Warum das so ist, versuche ich ihnen auf meiner Weltkarte mit der Entfernung unseres Landes vom Äquator zu verdeutlichen, aber sie haben große Mühe, ihr eigenes Land zu finden.

Dass dort der Sommer viel länger dauert und viel heißer ist als hier, das erklären sie mir heftig gestikulierend, auch dass in den heißesten drei Mittagsstunden nur geschlafen wird, das verstehe und weiß auch ich. Aber hier zu Lande gibt es keine Siesta, auch nicht, wenn es zu Ramadan sehr heiß sein sollte. Hier scheiden sich eindeutig die Geister.

Da kommt mir NAJIBULLAH zu Hilfe und sagt mir, dass es für ihn und seine Freunde überhaupt kein Problem darstellen wird, auch wenn sie hier den ersehnten Arbeitsplatz erkämpft haben. Sehr klug erläutert er mir, dass sie ihre Gewohnheiten, die Tageszeiten betreffend angleichen, was nicht bedeutet, dass sie ihren religiösen Glauben aufgeben müssen. Ich freue mich über ihn, er ist auch Afghane, über ein Jahr hier und war lange ohne einen Deutschkurs.

Ich will schon gehen, weil ich erschöpft bin, da taucht HAFEZ auf, strahlend und ohne Mütze. Als ich das begrüße, zeigt er mir lachend den frischen Flaum auf seinem Kopf. Warum ihm die Haare ausgegangen waren, das frage ich nicht, nur ob er noch bei seinem Freund wohnt und ob alles in Ordnung ist. Das bestätigt er mir, außerdem hätte er gestern Geburtstag gehabt und sei nun ein alter Mann von 24 Jahren. Wie lange muss dieses Kind schon von seinem Elternhaus getrennt sein, denn ich kenne ja seine Odyssee.

Um ihn zum Geburtstag zu umarmen, muss ich mich hoch auf die Zehen recken, denn er ist fast zwei Meter groß. Die Umarmung erwidert er lange und herzlich. Nächste Woche will er mit mir zum syrischen Lyrikabend im Japanischen Palais gehen und freut sich darauf.

Mittwoch, 17. Mai

Wird YAKOOP zum Termin in die Könneritzstraße 3 kommen? Zwei Minuten nach zehn Uhr kommt er angerannt, ich bin versucht, ihn zu umarmen, aber das muss ich mir bei einem verheirateten Mann versagen. Ich wusste ja, dass er kommt.

Das Gespräch ist wieder ein Hinhalten, angeblich hat die Arbeitsmarktmentorin Yakoop für ein Projekt vorgesehen, an dessen Ende seine Eingliederung in den Arbeitsmarkt erfolgt, d.h. eine Begleitung bis dahin. Aber die freundliche Dame sagt auch, dass wenig Aussicht besteht, dass er diese Förderung erfährt, er solle den Weg zur Ausbildung im Sprachkurs B2 gehen, es gäbe dringendere Fälle für eine Berufsausbildung.

Das verstehe ich nicht, Yakoop auch nicht, wie er mir später erklärt. Wir sind in einen Park gegangen, wo ich noch einmal im Jobcenter anrufe, weil MARAM noch immer nicht die monatliche Geldzuweisung bekommen hat. Jetzt sagt die Beamtin auch noch, sie dürfe mir ohne Vollmacht keine Auskunft geben. Warum durfte das ihr Kollege am 3. Mai und warum ist die Zahlung immer noch nicht geschehen? Schließlich lässt sie sich herab, mir zu sagen, das Geld sei bereits unterwegs.

Noch auf der Wiese stehend, beginnt Yakoop plötzlich einen Monolog; ich kenne solche kühnen Erklärungen von ihm schon, in passablem Deutsch immer dann, wenn ihn die Geduld verlässt.

»Meine Meinung ist …« Dann kommt die Feststellung, dass er jetzt zwei Jahre in Deutschland ist, aber außer einem bezahlten Sprachkurs nichts weiter als den B1-Abschluss hat, dass er nicht versteht, warum man die Flüchtlinge nicht gleich nach Ankunft in ein duales Ausbildungsmodell steckt. Man solle ihnen zehn Berufe nennen, die für Dresden wichtig sind. Alles was gebraucht wird, hätte er sofort gemacht, da hätte er jetzt schon eine halbe Berufsausbildung. Zwar ist seine Familie da, aber er kann sie nicht ernähren, obwohl er die Zeit dazu hätte.

Das leuchtet mir ein, bin aber ratlos. Ich frage: »Kennst du einen deiner syrischen Männer, die jetzt schon erreicht haben, was du dir wünschst?« Er antwortet: »nein«.

Das erleichtert die Sache nicht. Versagt hier die Eingliederung, die doch angeblich zeitnah erwartet wird?

Kapitel 20
Ich bin nach Hamburg gefahren. Terror in Kabul

»Das Moralische ist keine göttliche,
sondern eine rein menschliche Angelegenheit.«[32]

ALBERT EINSTEIN

Freitag, 26. Mai

Fast zehn Tage bin ich »ausgestiegen«, denn am Sonntag, dem 21. Mai, erhielt ich eine Mail von YAKOOP: »Liebe Gabriele, ich bin nach Hamburg gefahren. Liebe Grüße Yakoop.« Im Zusammenhang mit einer viertägigen Berlinreise mit der Konrad Adenauer-Stiftung habe ich mir »eine Auszeit« genommen, zumal ich annahm, Yakoop wäre am Wochenende mit Familie gefahren und würde keinesfalls vor Mitte der Woche zurückkommen.

Heute gehe ich zu den »Tischen«, erwarte ihn natürlich nicht, denn Freitag ist sein Tag für die Moschee. Als ich mit anderen bekannten Gesichtern am Tisch sitze, höre ich, dass morgen der RAMADAN beginnt, so dass ich fast vermute, für die Familie ALHOSSIN findet dieses Fastenfest bei der Familie seines Bruders in Hamburg statt. Ich werde es von Yakoop hören, spätestens am Montag.

Was ich von seiner Nachricht halte, muss ich nicht schreiben. Ich denke, diese Reise wird dazu dienen, sich um eine Wohnung und eventuell um eine Arbeit zu kümmern. In MARAMS Sinne ist das alles zu verstehen; sie war hier selbstbestimmt immer allein, wollte weder aus dem Hause gehen, noch Deutsch lernen, sie möchte – das ist meine Vermutung – mit anderen arabischen Frauen in einer Großfamilie leben, Kinder bekommen und mit ihnen ein Zuhause finden. Was soll ich dazu sagen? Es erscheint zur Zeit als die beste Lösung für sie. Ich setze mich an einen Tisch mit zwei Afghanen, die ich kenne. MOHMMAD ASIF sagt bei meinem Ankommen: »Das ist die schöne Frau, die mir viel Deutsch beigebracht hat und die mich mit in die Galerie genommen hat; damals habe ich noch nicht viel verstanden, aber heute ist es anders.« Er hat eine Brille mit kleinen randlosen Gläsern aufgesetzt, die ihn auch intelligenter erscheinen lässt. Die Texte, die sie von B1 plus dabei haben, drehen sich um das deutsche Schulsystem; angeblich verstehen sie die Worte, die da geschrieben stehen, aber nicht ihren Zusammenhang und den Sinn, das zu lernen. Lesen können sie die Texte nur sehr mühsam, bis ich dem ein Ende mache und mit ihnen über all das spreche und über vieles andere mehr. Sichtlich erleichtert versuchen sie selbst Dialoge zu sprechen, so dass schnell zwei Stunden vergehen.

STEFAN berichtet mir noch, dass gestern einhundertvierzig »Neulinge« in der Hamburger Straße angekommen sind und dass in der Bremer Straße ein sogenannter GEWAHRSAM für nicht Ausreisewillige eingerichtet wurde, d. h. dass diese Männer hier festgehalten, ehe sie gegen ihren Willen in ihr Land zurückgebracht werden sollen. Das ist ein bitteres Ende der stolzen Ausländerpolitik.

ABDULLHADI, der Syrer mit dem kleinen Bäuchlein ist auch hier, ich treffe ihn später noch einmal in der Straßenbahn, er ist auf dem Weg zu einem Café in der Neustadt, wo er, wie er mir berichtet, mit anderen arabisch sprechen kann. Manchmal geht er auch tanzen, er möchte eine Frau kennen lernen.

Jetzt ist wenigstens der Sommer bei uns eingekehrt, was den RAMADAN betreffend, eher störend ist. Aber die Muslime ziehen es durch, ganz streng wie sie sagen. Ich sage, dass ich Achtung davor habe.

Dienstag, 30. Mai

Noch immer keine Spur von den Hamburgfahrern, bin zum Unterricht gegangen, in der Hoffnung, Yakoop würde kommen. Immer halte ich noch einen Stuhl für ihn frei, aber dann drängen andere Lernwillige heran, und ich nehme ein ungleiches Paar an meinen Tisch, ein junger und ein schon ergrauter Afghane. Der junge hat bereits den B1-Abschluss, der Ältere ist gerade bei A1/2. Aber der Stärkere solidarisiert sich mit dem Schwächeren, so dass wir dessen Aufgaben gemeinsam durchgehen. Einen etwas törichten Dialog im Lehrbuch »Endlich Urlaub« beende ich damit, dass ich über Urlaub und Ferien spreche und zu einem Dialog zwischen den beiden auffordere.

Der Ältere hat einen Bruder in Berlin. Der Jüngere muss ihm lauter Fragen stellen, z. B. »Wie kannst du deinen Bruder besuchen, womit fährst du, wo fährst du ab, wie lange bist du unterwegs, holt dein Bruder dich ab, wenn nicht, wie kommst du zu ihm, was machst du, wenn er nicht zu Hause ist?« usw.

Das macht den beiden sichtlich Spaß, sie wollen gar nicht wieder aufhören und lachen viel. So stelle ich mir entspannten Unterricht vor, bei dem jeder zum Sprechen kommt.

Zuhause finde ich die Nachricht von Yakoop, er wäre gestern Abend von Hamburg zurückgekommen, ob er morgen zum Unterricht kommt, könne er noch nicht sagen.

Mittwoch, 31. Mai

Yakoop ist nicht gekommen, dafür breitet SADIQ MOHAMMADI – ich kenne ihn noch nicht – fünf Briefe vom Jobcenter vor mir aus. Ich arbeite mich durch das Dickicht des Amtsstubendeutsch und kann ihm schließlich alles erklären. Es sind Routinemitteilungen, aber von solchem Umfang, dass jeder, der das liest, erst einmal Angst bekommt, in den vielen Seiten könnten schreckliche Nachrichten enthalten sein.

Da ich im Anschluss zu einem Kunstgespräch mit einem katholischen Theologen in den Zwinger gehe, geht meine Beschäftigung mit den Problemen der Flüchtlinge noch weiter. Vor dem Gemälde »ABRAHAMS OPFER« von ANDREA DEL SARTO bekennt der Theologe, dass er Zweifel hegt, ob die Bereitschaft Abrahams, seinen Sohn Isaak zu opfern, um Gott seinen Glauben zu beweisen, nicht zu weit gehe; er habe diese Zweifel in einer seiner Predigten geäußert und Gott als »unmenschlich« bezeichnet. Aber letztendlich hätte Gott ja auch seinen eigenen Sohn geopfert. Ich gebe das so unkommentiert wieder, denn diese Meinung zu beurteilen, vermag ich nicht.

Was mir im Gedächtnis bleibt, ist der Gedanke des Vortragenden, dass nämlich jeglicher Mensch in der Fremde – Abraham ist Nomade – seine Identität nur bewahren kann, wenn er sich in grenzenlosem Vertrauen seinem Gott hingibt, das bedeutet für den Fremden, der in unser Land gekommen ist, seine Religion zu leben. Und dazu gehört auch das Festhalten am Fastenmonat RAMADAN. Es ist schwer, diesen Verzicht in einem fremden Land beizubehalten, wenn die Menschen in seiner Umgebung kein Verständnis dafür haben.

Donnerstag, 1. Juni

Eigentlich will ich nur nach dem Hamburgfahrer sehen, und da er nicht kommt, will ich wieder gehen. Da trifft mich der bittende Blick eines Afghanen. Er hat eine eigene kleine Wohnung bezogen und soll nun aufschreiben, was er benötigt, um sie einzurichten. Wir listen auf, was uns einfällt, wobei ich natürlich die Vollständigkeit im Auge habe. Die Begründung für all das halte ich für ein unnötiges, aber für deutsche Behörden typisches: »sag schön bitte, bitte und gib das schöne Händchen«.

Freitag, 2. Juni

So kommt das Pfingstfest heran. Ich wollte etwas von der Auferstehung Jesu Christi erzählen, so wie es uns die Bibel sagt. Aber die an zwei aufeinanderfolgenden Tagen terroristischen Anschläge in KABUL, einmal auf das Botschaftsviertel mit zwanzig Toten und sechzig Verletzten und gestern auf eine Trauerfeier für eine hochgestellte politische Persönlichkeit, erregen die Gemüter.

Erste Reaktionen unserer Regierung: dé Maeziere hat die geplante Abschiebung von fünfzig Afghanen gestoppt. Sigmar Gabriel will mit den TALIBAN verhandeln. Er sagt: »Mit Freunden macht man keinen Frieden, aber mit Feinden.« Sein Wort »in Gottes Ohr«!

Die Muslime haben zu tun mit ihrem freiwilligen Fasten, kommen aber dennoch zum Lernen.

ZIAD ATOUMH, der Syrer, der mit seiner großen und kleinen Schwester in Dresden lebt, hatte gestern ganz gierige Augen, als er mir auf dem Handy das Foto von der abendlichen Festtafel zeigte, die seine Schwester liebevoll jeden Tag vorbereitet. Ihm lief sichtlich das Wasser im Mund zusammen.

Sonnabend, 3. Juni

Heute Mittag gehe ich zu STEFANS Zeitungsschau ins Stadtmuseum, die er jeden Samstag mit zwei bis vier Spitzenkräften abhält. Heute sind die beiden HASIBULLAH MAJIDI und VAHID ASEFI gekommen. Die Zeitungen sind ausgebreitet, aber zuerst sprechen wir wieder über den Krieg, der schon fast vierzig Jahre andauert und den kein normaler Mensch versteht.

Die Meinung der beiden AFGHANEN lautet: es ist ein Krieg zwischen Russland und USA, sie unterstützen aus eigenen Interessen den Krieg, und er wird weiter gehen, weil keiner nachgeben wird. Die beiden Flüchtlinge hatten bis jetzt keine Aufenthaltsgenehmigung, sie waren gezwungen, sich einen teuren Anwalt zu nehmen. HASI wurde jetzt aber mitgeteilt, dass er in etwa sechs Monaten mit dem Nachzug seiner Familie rechnen könne. Ich freue mich für ihn, er ist so fleißig und so tapfer.

STEFAN erklärt ihnen, was Sozialwohnungen bedeuten, die in Dresden gebaut werden sollen.

Um ein Beispiel zu geben, wer solche Wohnungen beziehen und wer sie nicht beziehen darf, sagt er, dass HASIBULLAH, der in zwei Jahren als Professor für Informatik an der TU mit einem Gehalt von 6000 Euro nach Hause gehen wird, keine Sozialwohnung bekommt. Wir Drei lachen, was sich eigentlich nicht gehört. Aber er ist ganz ernst, weil er seine Entwicklung auch ernst nimmt und nicht daran zweifelt.

Sonntag, 4. Juni, Pfingstsonntag

Meine Einladung zur syrischen Musik hat YAKOOP mit einem Anruf beantwortet, ja, sie wollen kommen. Mittags schüttet es vom Himmel wie aus Kannen. Ich rufe an und sage, sie müssen nicht kommen, wenn es weiter so regnet, aber er sagt, sie würden kommen.

Mein roter Schirm, der für MARIA ein herrliches Spielzeug sein wird, ist noch nicht nötig. Papa hat auch einen Schirm, groß und schwarz, aber den mag sie nicht.

Der Anblick dieses Kindes in einem rosa Tüllröckchen und winzigen Ballerina-Schuhen ist so köstlich. Auch Yakoop sieht wohl aus, nur MARAM ist blass, soweit das in ihrer Verhüllung überhaupt zu sehen ist. Sie drückt mich warm an ihr Herz. Die Musik von OUD und Gesang gefällt ihnen offensichtlich, nur Maria ist müde wegen ausgefallenem Mittagschlaf, so dass wir nach einer Stunde aufbrechen. In Hamburg waren sie natürlich alle Drei, nach weiterem habe ich nicht gefragt.

Dienstag, 6. Juni

Und kann es auch heute nicht fragen, weil Yakoop nicht kommt. Es wird schon einen Grund haben. FATIMA kommt mit ihrem Schulranzen und fragt, ob sie bei mir Hausaufgaben machen darf, natürlich darf sie. Ich sehe, dass nichts ihr Mühe macht, ein zwölfjähriges Mädchen aus Syrien, das in die sechste Klasse geht und ihren deutschen Klassenkameraden in nichts nachsteht.

Dann kommt MAHMUD ALJAWABREH, ein schöner Mann von 53 Jahren.

Ich kenne ihn schon als Freund von NASRELDIN. Er kommt am Nachmittag oft, nur um zu sprechen, denn in seiner Familie – Frau, zwei Söhne und eine Tochter – kann er das nicht; sie sind alle mit Deutsch gut versorgt und sprechen zu Hause nur Arabisch.

Ich frage ihn aus, damit er mir antworten muss. Seine Frau geht in ein Büro und macht dort eine Arbeit am PC. Sein ältester Sohn ist in einem »Colleg« in Halle als Vorbereitung auf das erste medizinische Studienjahr, und das ist nur mit einer Durchschnittsnote von 1,3 möglich. Seine Tochter ist in der letzten Klasse des Gymnasiums, auch sie will studieren und Zahnärztin werden. Der zwölfjährige Sohn hat auch gute Noten, aber er ist faul und will nicht studieren, er spielt am liebsten Computerspiele. Das gibt es auch bei deutschen Kindern.

Nur Vater hängt noch in der Luft, er wird einen Deutschkurs in B2 beginnen. Ob er es schafft, noch vor der Rente in seinem Beruf als Buchhalter zu arbeiten, weiß er nicht. Aber seine hoffnungsvolle Familie gibt ihm Zuversicht.

FATIMA, die sich während unseres Gesprächs ganz still verhalten und mit ihrem Handy die Pfingstrosen auf dem Tisch fotografiert hat, meldet sich mit den Worten: »Jetzt bin ich wieder dran«.

Mittwoch, 7. Juni

YAKOOP ist schon da, als ich kurz nach 15 Uhr ankomme. Auf meine Frage, ob er in Hamburg eine Wohnung gesucht hat, sagt er nur: »Das ist schwer«. Also hat er es versucht.

Er hat sich aber gestern in der INLINGUA-Schule für den B2-Kurs angemeldet, der am 21. Juni beginnt und drei Monate dauert. Er will ihn in Dresden absolvieren. Mit einem vorbereitenden Wortschatzbuch wollen wir heute beginnen. Da bringt NAJIBULLAH einen Afrikaner an den Tisch und bittet mich, ihn dazu zu nehmen, es sind heute wenig Lehrer da. Der achtzehnjährige Äthiopier ist erst sieben Monate in Deutschland, war erst in Bautzen, jetzt ist er seit zwei Monaten im Camp Hamburger Straße. Yakoop ist sofort bereit, ihn in seinen Lernstoff einzubeziehen, auch wenn er noch wenig davon versteht. Es ist anstrengend, weil ich ständig vermitteln und erklären muss.

Weil der Junge aus Äthiopien so häufig gähnt, will ich ihn aus der Pflicht entlassen, aber er gibt nicht auf. Daraufhin widme ich mich ihm ganz in einem Gespräch über seine Familie – Eltern und vier Geschwister in Äthiopien – über seine Flucht und seinen Seelenzustand. Was dürfen wir erwarten nach fünf Monaten Flucht, zu Fuß durch die Sahara nach Libyen, im Schleuserboot über das Meer nach Italien und wieder zu Fuß oder per Anhalter bis nach Bautzen?

Jetzt schläft er mit vielen im Camp, d. h. er schläft nicht. Als ich nach dem Essen frage, hält er die Hände vors Gesicht, um nicht antworten zu müssen. Dann sagt er, er sei im RAMADAN, das sei noch das beste zur Zeit. Er betet viel, auch in der Moschee. Man möchte ihn in den Arm nehmen und seinen schwarzen Wollschopf streicheln. Ich sage nur: »Du hast Glück gehabt, Du bist hier und dein Leben liegt noch vor dir.« Ob er das so versteht, wie ich es meine und ob es die Wahrheit ist, das weiß ich nicht. Um Glück zu empfinden, ist er viel zu verlassen und allein.

Freitag, 9. Juni

Freitags gehe ich gern mal kurz ins Albertinum, weil mir hier alles vertrauter ist als im Stadtmuseum; dort können wir freitags nicht sein, weil freier Eintritt für Museumsbesucher ist und daher das Café gebraucht wird.

Es sind nicht viele, die da sitzen, dennoch bittet NAJIB mich, mit zwei Syrern ein wenig zu reden. Den Jüngeren kenne ich schon, es ist ABDULLHADI, er war mit zur Führung durch die Romantik und ist auf dem Foto vor den »Eichen am Meer« von Gustav Carus. Heute hat er einen graubärtigen Mann mit Baseball-Kappe mitgebracht, der zum ersten Mal hier ist und sich wie ein Macho benimmt. Er will mit mir allein lernen, jeden Tag, kann aber noch nicht drei zusammenhängende Worte sprechen. Ich gebe ihm durch seinen Freund zu verstehen, dass er sich um einen Deutschkurs bemühen, oder wenigstens am Vormittag allein lernen soll, was er rundweg ablehnt.

Sonnabend, 10. Juni
Hier am Stammtisch der Zeitungsschau sollte dieser Lernunwillige einmal Mäuschen sein.

Es ist eine reine Freude, das zu erleben. Heute sind neben HASIBULLAH und VAHID, den beiden Afghanen noch die Afrikanerin KOLAHTA und ein junger, hübscher Chinese gekommen.

Er studiert das dritte Jahr an der TU Kraftfahrzeugtechnik, natürlich ist er kein Flüchtling, sondern offensichtlich ein Kind wohlhabender Eltern. Seine Kleidung besteht wie bei allen jungen Leuten aus Jeans und T-Shirt, wirkt aber etwas teurer und mit einer eleganten schwarzen Weste darüber ausgesucht geschmackvoll.

Seine Intelligenz ist unverkennbar, er liest und versteht alle Zeitungsartikel. Die Afghanen haben damit Mühe; STEFAN lässt sie einen Abschnitt lesen, z. B. »200 Jahre Fahrrad« und danach soll ich den Inhalt wiedergeben, weil ich ihn noch nicht kenne. Das ist eine sehr gute Übung.

Kapitel 21
Stop Deportations
Jakobs Heimkehr

»… und nun spricht der Herr, der dich geschaffen hat, Jacob … fürchte dich nicht, denn ich habe dich erlöst« [33]

JESAJA 43

Sonntag, 11. Juni
Der Aufruf, bzw. das Flugblatt ging an alle: STOP DEPORTATIONS. DEMONSTRATION AGAINST IMK DER LÄNDER, heute Nachmittag vom Theaterplatz aus. Die Innenminister werden ab morgen in einer Konferenz in Dresden zusammenkommen, um u. a. weitere Maßnahmen zur Abschiebung von Flüchtlingen, vor allem aus AFGHANISTAN, zu beschließen. Das Faltblatt ist in Englisch und in DARI abgefasst.

Es ist ein sehr heißer Tag, ich würde lieber zu Hause bleiben, aber da hätte ich ein schlechtes Gewissen, also hinaus in die Glut. Ich treffe ein paar unserer Leute unter den schätzungsweise fünfhundert Arabern und Afrikanern. Ein großes Polizeiaufgebot, aber auch kleine, versprengte Truppen von PEGIDA sind zu sehen. Ihr Plakattext lautet: NICHT NUR ATTENTATE, AUCH GRENZENLOSE TOLERANZ KANN TÖTEN.

Solange ich in dem Zug mitlaufe, gibt es viele Sprechchöre und Reden auf unserer Seite, es verläuft alles friedlich. Inmitten der Ausländer gibt es wenige Dresdner, ich sehe nur den Rentnerlehrer von den ABC-Tischen, auch heute mit Aktentasche. Der SCHWEISSER trägt ein selbstgemaltes Schild vor sich her, und NAJIB geht aufrecht neben mir, trotz RAMADAN und Gräserpollenallergie. Es ist eng und riecht nach Schweiß, aber es fühlt sich gut an.

Zu bemerken wäre noch, dass in keiner Dresdner Zeitung, weder vor- noch nachher irgend eine Nachricht von dieser Demonstration erschienen ist.

Dienstag, 13. Juni

Schon auf der Straße vor dem Museum kommt der Afghane ABDULLAH hinter mir her, freudig, mich zu sehen. Er ist, wie ich weiß und wie er mir bestätigt, sehr selten nur noch an den »Tischen«, weil er als Übersetzer und Dolmetscher arbeitet, inzwischen nicht nur vom Englischen, sondern auch schon vom Deutschen in FARSI und umgekehrt. Das berichtet er nicht ohne Stolz. Er sieht auch sehr gut aus, ist von gepflegtem Äußeren, die elegante Lederjacke war nicht billig. Klein von Wuchs, ist er ein wirklich schöner Mann.

Da Yakoop nicht kommt, setzt sich ein junger Afghane an den Tisch mit Büchern, die ich noch nicht gesehen habe, es ist die Vorstufe von A1, praktisch das ALPHABET und die ersten Begriffe wie Monate und Tage. Er versteht so gut wie nichts, Abdullah fragt ihn und erfährt, dass im Deutschkurs jeden Tag fünf Seiten von diesem Buch durchgepeitscht werden, die Schüler aber nichts verstehen und die Hausaufgaben nicht allein machen können.

Am Nachmittag beginnt ein Fest für Ausländer auf dem Platz vor der Frauenkirche: DRESDEN ISST. Leider haben die Organisatoren nicht bedacht, dass viele sich im RAMADAN befinden; aus Solidarität mit den Gläubigen gehe ich nicht dahin.

Mittwoch, 14. Juni

YAKOOP sagt, er war gestern mit MARAM beim Sozialamt, um einen DRESDENPASS für sie zu beantragen. Außerdem ist er auf Wohnungssuche, er hat den Antrag auf Kündigung der alten Wohnung mitgebracht, wir füllen alles aus. MARAM ist schwanger, sie bekommt einen MUTTERPASS, die Miete für eine größere Wohnung darf im Hinblick auf ein zweites Kind ein bisschen teurer sein als die bezahlte Höchstgrenze für einen einzelnen Mann.

Da kommt der SCHWEISSER herein, ich freue mich, ihn zu sehen und bitte ihn, bei uns Platz zu nehmen. Er erzählt in gut verständlichem Deutsch, dass er an einer Ausbildung in einem Schweißerkurs teilnimmt, um den in Afghanistan schon einmal erworbenen Schweißerpass wieder zu bekommen. Ich frage nach seiner Familie, die nach wie vor bei seinen Eltern in Afghanistan geblieben ist, nicht einmal er selbst hat das BLEIBERECHT, sondern nur eine DULDUNG. Ich lasse ihn berichten, damit YAKOOP hört, wie es anderen geht. Und KHEYBAY klagt nicht, aber er meint, dass in seinen Kopf so wenig neues hineinpasst, liegt daran, dass er ständig, Tag und Nacht und beim Schweißen an seine Frau und seine kleinen Kinder denken muss.

Auf dem Heimweg bettelt mich ein junger Deutscher um ein paar Münzen für Essen an.

Ich frage ihn, warum er nicht arbeitet, oder ob er nicht wenigstens Sozialhilfeempfänger ist. Er sei obdachlos, habe infolgedessen keine Adresse, um Post zu empfangen. Ich habe keine Ahnung, was davon stimmt, aber sein letzter Satz, die Ausländer wären besser versorgt als die Deutschen, klingt mir noch lange im Ohr.

Dienstag, 20. Juni

YAKOOP sieht anders aus als früher. Das kurz geschorene schwarze Haar ist jetzt gewachsen und fällt ihm lockig ins Gesicht. Er sieht noch schöner aus und etwas männlicher, das wird wohl MARAM gefallen.

Ich weiß, dass er morgen früh in München sein muss wegen seiner Vorladung als Zeuge vor Gericht. Bevor er kommt, spreche ich mit PETER noch einmal kurz durch, was es evtl. zu beachten gibt. Peter sagt nur, bei seiner eigenen Teilnahme an einem solchen Prozess hätte er erlebt, dass der Dolmetscher dem Zeugen plötzlich Fragen stellte. Da müsse Yakoop aufpassen, Fragen darf nur der Richter stellen.

Nachdem ich von YAKOOP auch seine Reisemöglichkeit mit einem Nachtbus von Dresden nach München erfahren habe, klingelt sein Handy. Eine Frau Gall vom Münchner

Landesgericht ruft an, ich nehme das Handy und sie sagt, die Verhandlung sei abgesagt wegen Erkrankung des Angeklagten.

ACH SO, das ist Yakoops ganze Reaktion. Sein Lieblingswort neuerdings, mit dem er auf alles reagieren kann.

HAFEZ taucht auf mit frisch gewachsenem wolligen Haarschopf. Wohnung, ja er hat ein Angebot am Pirnaischen Platz, im 8. Stock. »Junge«, sage ich, »geh sofort dahin, sonst ist es wieder zu spät.« »Ich habe doch keinen Termin zur Besichtigung.« »Dann ruf sofort danach an.« »Ich habe kein Guthaben auf meinem Handy.« »Da draußen im Hof sitzt ein Freund von dir, nimm sein Handy.« Das tut er, aber ich habe den Eindruck, mit HAFIZ ist nicht alles so, wie es sein sollte. Er hat den Prüfungstermin geschmissen und hockt jetzt mit einem Freund tatenlos in einer winzigen Wohnung. Ich mache mir Sorgen.

Dienstag, 27. Juni

Ein Kollege, der in der Galerie Neue Meister die Abteilung der Romantik übernommen hat, räumt mir ein Gespräch vor dem Gemälde von Carl Gottlieb Peschel ein, das Bild, vor dem ich in letzter Zeit oft mit Flüchtlingen gestanden habe und das uns alle so bewegt hat.

Wir sind uns über den Inhalt einig, das heißt, so wie ihn Peschel, als einer der konsequentesten Vertreter des Nazarenertums an der Dresdner Kunstakademie im 19. Jahrhundert gesehen hat. Mit seinen großen biblischen Historienbildern gehörte er zu den anerkanntesten Künstlern seiner Zeit. Im Ausstellungskatalog des Jahres 2010 ist in einem Text von Gerd Spitzer folgendes zu lesen:

»Dargestellt in der spannungsvoll inszenierten und mittels des bogenförmigen oberen Abschlusses bedeutungssteigernd überhöhten Komposition sind Ereignisse aus dem Buch Genesis des Alten Testaments. Der Erzvater Jakob, der seinen Zwillingsbruder Esau übervorteilt hatte und zu seinem Onkel Laban geflohen war, kehrt nach langen Jahren in das gelobte Land seiner Väter zurück.«[34]

Ein interessanter Hinweis für mich ist die Tatsache, dass in früheren Katalogen der Gemäldesammlung das Bild auch als »HEIMZUG« im Sinne eines Aufbruchs, also nicht einer »Heimkehr« im Sinne einer Ankunft zu verstehen ist. Das hat mich dazu bewogen, meine Geschichte auch in diesem Kontext zu sehen und für sie also dieses Motiv aus dem Alten Testament zu verwenden.

Während ich auf Yakoop warte, müssen noch zwei Männer aus Afghanistan »versorgt« werden, und ich nehme mich ihrer an. A1 und B1 im Sprachniveau ist ein großer Unterschied, aber wir gehen es an, indem einer dem anderen hilft, mich zu verstehen. So erfahre ich von dem Anfänger, dass er in der Heimat Schafe verkauft hat. Was so ein Schaf kostet, in Euro umgerechnet, will ich wissen. Er sagt: »sehr teuer« und nennt die Summe von 300 Euro. Dann soll er mir zeigen oder malen, was so wertvoll am Besitz eines Schafes ist. Von dem Wort »Gras« als Futter für Schafe, weiß er noch nichts. So komme ich auf den englischen football zu sprechen, das kennen sie alle, und auf den kurzen Rasen, der früher von Schafen abgefressen wurde. Solche Bilder verstehen sie, und alles ist geklärt.

Mittwoch, 28. Juni

Yakoop kommt nicht, er war auch gestern nicht da. FATIMA ist mit ihrer kleinen Schwester und ihrem Papa da. Sie hat Mathematikaufgaben der 6. Klasse, die ihr leicht fallen.

Übrigens – es sind Ferien – aber dieses Kind lernt weiter. Mit einem Auge begleite ich ihre Resultate und mit dem anderen sehe ich in Papas ALPHAMAR, einem Lehrbuch für Anfänger. Er kommt heute aus einer Tischlerwerkstatt, in der er Hilfsdienste leistet.

Wie er mir bedeutet, ist der Meister sehr erstaunt über seine Fertigkeiten und setzt ihn natürlich für einen Euro pro Stunde gern ein. Auf meine Frage, warum ihm das Jobcenter nicht eine Arbeit oder einen Ausbildungsplatz vermittelt, antwortet er resigniert, das wäre nicht möglich wegen seiner schwachen Deutschkenntnisse.

MOHAMED KATRIB hat vier Kinder, was er mir immer wieder stolz mit vier erhobenen Fingern anzeigt, aber er gehört leider zu denen, die wenig Sprachbegabung und zudem wenig Zeit zum Lernen haben. Er ist 39 Jahre alt und ist schon ergraut.

FATIMA hört auch mit einem Ohr auf unser Gespräch und übersetzt dem Vater, was ich ihn frage. Was für ein Gefühl muss es für ihn sein, sein Kind als Hilfe und Stütze zu erleben. Hat es noch den nötigen Respekt?

Freitag, 7. Juli

Ein paar Tage war ich verreist, jetzt meldet sich mein Pflichtgefühl, auch immer etwas Neugier. Was gibt's neues? Viele neue Gesichter fallen mir auf. Oder habe ich sie im Fokus auf Yakoop und seine Familie übersehen?

NAJIB bringt mir einen Syrer mit Namen KHALED RIFAI. Es ist ein kleiner drahtiger Mensch mit kurz geschorenem Haar und großen ehrlichen Augen. STEFAN stellt ihn mir als Frisör vor. »Wenn du so was mal brauchst.« Ich sage: »Nein danke, so kahl geschoren möchte ich nicht werden.«

Daraufhin erzählt mir Khaled, seine Frau, die hier mit einem zehnjährigen Sohn lebt, sei auch »Frisör«. Ich erkläre ihm, dass es »Frisöse«, aber eigentlich »Friseuse« heißt, ein französisches Wort, deren es viele in der deutschen Sprache gibt und woher das kommt. Er versteht sofort, ich zeige auf meine Brille, und er sagt: ETUI.

Seine Hausaufgabe ist, einen postalischen Brief im Umschlag zu beschriften und alle dazu nötigen Vokabeln wie »Adresse« und »Absender« zu lernen. Und gleich haben wir wieder das fremde Wort KUVERT. Ich male ihm ein solches von vorn und von hinten, so gefällt ihm das Lernen offensichtlich, er strahlt mich an und sagt »danke, danke und bis morgen«, da aber ist Wochenende.

Kapitel 22
Über den Frieden sprechen

»Zur Friedensfeier komme ich, sagt mir wohin …«[35]

MARTIN WALSER

Sonnabend, den 8. Juli
Für mich ist noch kein Wochenende, denn ich gehe zu STEFANS Zeitungsschau. Außer mir sind nur der junge chinesische Student und HASIBULLAH gekommen; letzteren habe ich lange nicht gesehen. Er ist noch schöner geworden, wenn das überhaupt geht.

Diese jungen Männer haben keine auffälligen Kleidungsstücke, meist T-Shirts oder Hemden zur Jeans und Turnschuhe. Aber ihre gepflegten Frisuren und Bärte sind untadelig, als wären sie alle Frisöre. Auffallend sind auch die fein manikürten Fingernägel. Verlangt das auch die Religion, oder wollen es die Frauen?

Zwei Zeitungen auf dem Tisch – die DRESDNER NEUESTEN NACHRICHTEN und DIE ZEIT – sind voll von den Ereignissen des G20-GIPFELS in Hamburg. Wir sprechen darüber, was zu den Ausschreitungen der linken Szene in Hamburg geführt haben kann.

Die beiden Einwanderer verstehen es nicht. Es gibt viele Fragen, aber auch viel Spaß, während wir die Bilder und die Kommentare dazu lesen. Eine Parole in Hamburg heißt z. B. »yes, we camp«. Und wir stellen uns vor, die Spitzen der 20 wirtschaftsstärksten Länder wären in Flüchtlingscamps untergebracht, TRUMP und PUTIN in einem Doppelstockbett. Ohne den nötigen Respekt dabei fehlen zu lassen, sind wir doch schockiert über die 306 Millionen Kosten dieses Gipfels.

Wir zählen die 20 Gipfelstaaten auf, das ist für keinen ein Problem.

Natürlich sprechen wir über Syrien und die zu verhandelnde Waffenruhe. Sie soll am Sonntag Vormittag beginnen. Wie lange sie währen soll, wurde noch nicht gesagt.

Zur Verleihung des Friedenspreises des Deutschen Buchhandels im Jahre 1978 sagte Astrid Lindgren:

»Über den Frieden sprechen, heißt über etwas zu sprechen, das es nicht gibt ... es sei denn als Ziel, das wir offenbar nicht zu erreichen vermögen ... Die Politiker versammeln sich in immer neuen Gipfelgesprächen, und sie alle sprechen so eindringlich für Abrüstung, die die anderen vornehmen sollen. Dein Land, nicht meines!«[36]

Dienstag, 11. Juli

Mein Patenmann ist nicht gekommen, d.h., er kann erst in einer Stunde kommen, weil der neue Deutschkurs nachmittags beginnt, das wusste ich noch nicht.

Habe mir inzwischen den Afghanen MOHMMAD ASIF geangelt. Ich kenne ihn schon lange, sehe ihn oft hier bei verschiedenen Lehrern. Heute sagt er zu mir, ich sei 2015 seine erste Lehrerin gewesen und er hätte viel bei mir gelernt. Jetzt fürchte er, ich sei »sauer auf ihn«.

Warum das? Er hätte einmal »Oma« zu mir gesagt. Ich erkläre ihm, dass ich Oma bin und dass es kein Schimpfwort ist. Also lernen wir, d.h., ich frage ihn allerlei, u.a. was sein Bodybuilding macht. Ja, er geht jeden Tag zum Fitnessstudio, hat zehn Kilogramm zugenommen, aber ich sehe einen schlanken Mann mit einem kräftigen Brustkorb und muskulösen Armen.

Wir können gut miteinander sprechen; am Ende sagt er in einwandfreiem Konjunktiv: »Ich bin zwanzig Monate in Dresden, aber erst seit sechs Monaten habe ich einen Deutschkurs bekommen. Hätte ich ihn von Anfang gehabt, ich könnte heute besser sprechen.«

Mittwoch, 12. Juli

YAKOOP hatte mir gestern nicht weniger als drei Behördenbriefe auf den Tisch gelegt, von der Wohnungsgesellschaft

VONOVIA, vom Jobcenter und vom Jugendamt. Es geht um eine andere Wohnung, die er schon gefunden hat, aber jetzt beginnt das Ringelspiel mit dem Vermieter, dem Übergabetermin, die Frage, ob das Jobcenter die Miethöhe akzeptiert und auch die Kautionskosten übernimmt. Ein Antrag auf Erziehungsgeld für MARIA ist gestellt, kann aber noch nicht genehmigt werden. MARAM geht es nicht gut, sie hat Beschwerden und braucht einen Arzt. Eine Schwangerschaft ist nicht gerade ein Kinderspiel in einem fremden Land.

Ein Freund rief mich heute morgen an und fragte auch nach »meiner Wahlfamilie«. Als ich von dem zweiten Kind spreche, höre ich Empörung. »Wer soll das auch noch ernähren?«

Dieser Freund hat nur einen Sohn und kein Enkelkind. Ich sage es nicht, denke es nur. Wie soll Deutschland mit dieser Überalterung bestehen? Können wir, indem wir in Flüchtlinge investieren, nicht auch das demografische Problem verringern?

Ihr Irrtum besteht darin, dass wir nicht in Flüchtlinge investieren, sondern ihnen helfen.

Das ist die »himmlische Einbahnstraße«, Barmherzigkeit genannt.

Heute habe ich wieder mit KHALED gelernt, wir haben die Steigerung von Adjektiven geübt und die Adjektive in ihrer gegensätzlichen Bedeutung. Zu »alt« und »neu« kommt als Beispiel von ihm ein T-Shirt. Und wie ist es bei Menschen? Prompt kommt der Satz: »Es gibt alte und es gibt neue Menschen.«

Sonnabend, 15. Juli

Zur Zeitungsschau sind außer HASI und seinem Freund noch der Chinese und HAFEZ gekommen. Ich hatte ihn dringend gebeten, zu kommen, weil ich gehört habe, dass er wieder »durchhängt«, und er ist gekommen. Das Gespräch scheint ihm gut zu tun.

Im Japanischen Palais hören wir uns noch den »Prolog 7« an; das sind einige von den Unsrigen, die ihre Erfahrungen nach zwei Jahren Dresden »auf Band« gesprochen haben. Eine lustige Idee – man sitzt in einem nachgestellten Wohnzimmer auf dem Sofa und kann sich alle Stimmen auf Kopfhörern aus der Wand ziehen.

Dienstag, 18. Juli

Lerne heute wieder mit dem Muskelmann, der leider wieder ziemlich unzumutbare Texte mitbringt. Es geht um die Hausordnung in einem MEHRFAMILIENHAUS.

Dass auch ein Ausländer seine Rechte und Pflichten in einem Miethaus kennen muss, ist selbstverständlich. Aber hier ist eine Hausordnung abgedruckt, die nach allen Rechtsregeln vom Mieterverein in penetrantem Amtsdeutsch abgefasst ist.

Inmitten der vielen Verbote ist für einen Fremden nicht zu erkennen, was er darf und was er nicht darf. Ich tue mein bestes, und wie um mich zu trösten, sagt dieser Mann. »Ich denke, das wichtigste habe ich verstanden.«

Mittwoch, 19. Juli

Auch heute ist MOHMMAD wieder da. Ich breite meine Weltkarte vor ihm aus, er soll mir zeigen, wo er übers Meer gekommen ist. Da sagt er, er könne keine Karte lesen, das hätte er nicht gelernt. Also lernen wir es, und am Ende geht es ganz gut.

Auch er war auf einem übervollen Schleuserboot. Angst um sich selbst hätte er nicht gehabt, weil er ohne Probleme mindestens eine Stunde schwimmen könne. Aber um die Frauen und Kinder hätte er sehr gebangt.

Freitag, 21. Juli

Am Sonntag hat MARIA ihren zweiten Geburtstag. Diesen und jenen habe ich schon gefragt, wie man sich in Syrien am Geburtstag verhält, bzw. wie wir uns dazu verhalten sollten. So bekam ich auch diesen und jenen Rat, aber widersprüchlich, so dass ich so klug bin wie zuvor. Die Männer raten von Geschenken ab, die Frauen sind für schenken.

STEFAN sagt, Geschenke könnten verpflichten, was ich natürlich vermeiden möchte.

Mein Gefühl sagt mir, das Kind würde sich doch z. B. über ein Püppchen freuen. Ich kann ja mal in ein Geschäft für Spielsachen gehen. Mit sicherem Griff finde ich einen kleinen Baby-Jungen und denke bei mir, das könnte ein Vorbote eines Brüderchens sein.

Blumen habe ich auch besorgt, aber angemeldet habe ich mich nicht.

Sonntag, 23. Juli

Wieder stellen sich Zweifel ein – wie kompliziert sind wir Deutschen doch – und so gehe ich am Nachmittag zur Hochschulstraße – ohne Puppe.

In der Wohnung finde ich Mutter und Kind festlich gekleidet, und der kleine Tisch ist über und über mit Essen, Salaten und Kuchen bedeckt. Sonst deutet nichts auf Geburtstag hin.

Ich denke, hier werden Gäste erwartet, was mich auch veranlasst nach ein paar Anstandsbissen bald wieder zu gehen. Die Freude der Drei über mein Kommen ist nicht zu übersehen. MARIA ist ganz zutraulich, und als mich die Drei zur Straßenbahn bringen, weint sie, weil sie gerne mitgefahren wäre.

Dienstag, 25. Juli

Weil YAKOOP jetzt immer vormittags Schule hat, haben wir uns heute um zehn Uhr im Stadtmuseum verabredet, um ihn nach seinem Umzug am 31. Juli zu fragen. Ich habe ein Auto für ihn besorgt.

Meine erste Frage ist, ob denn am Sonntag noch Gäste eingeladen waren. Nein, erst als ich gegangen war, haben sie Freunde angerufen, die dann noch zu ihnen kamen. Jetzt war mir klar, dass nur ich erwartet wurde, weil ich das Geburtsdatum von MARIA von der Urkunde her kenne.

Und die Puppe sitzt bei mir zu Hause und wartet auf das Kind zum Spielen. Viel müssen wir noch lernen.

Kapitel 23
Was denkst du über diesen Raum?

»Heilig und ruhig …
ein friedlicher Raum …«[37]

HASSAHI HASSAN

Freitag, 28. Juli
Gestern Nachmittag hat PETER kleine Einladungszettel ausgegeben, für den heutigen Nachmittag in die Frauenkirche. Der Dresdner Theologe und Politiker Frank Richter hat alle unsere Zugereisten eingeladen, die Unterkirche ganz allein, ohne Touristen zu erleben und ohne große Vorrede auf sich wirken zu lassen. Einen Plan von allen Räume, die hier unten zu sehen sind, bekommt jeder in die Hand. Alle wandern still oder leise Fragen stellend, durch diesen Andachtsraum. Sie sind gebeten, auf einem »Austrittszettel« nach Wunsch und Stimmung zwei bis drei Worte aufzuschreiben.

Nach der Stunde in der Unterkirche dürfen wir das riesige Gotteshaus erklimmen, immer höher, bis hinauf in die Kuppel. Das ist für alle der absolute Höhepunkt, lange schauen sie und machen Fotos.

Sonnabend, 29. Juli
Zur Zeitungsschau sind die afghanischen Freunde gekommen, sie haben den weitesten Weg mit der S-Bahn aus Klingenberg. Der Chinese und ein Mann aus Eritrea kommen dazu.

Heute können wir wieder eine der häufig am Wochenende im Stadtmuseum stattfindenden Hochzeiten beobachten, das Brautpaar im Kreise der Gäste. HASIBULLAH ist der einzige anwesende Ehemann, und nun wird er ausgefragt, wie seine Hochzeit in KABUL war, und ob es auch so viele Gäste gegeben habe. Lachend berichtet er, dass eine Heirat den Bräutigam an den Rand des Ruins bringt. Wenn er nicht einen reichen Vater hat, dann kann er sich kaum jemals wieder von den Ausgaben erholen.

Donnerstag, 3. August
Ein junger Mann aus Paris kommt zu uns, hat er sich verirrt? Nein, er will Deutsch lernen, hat eine Freundin in Dresden, kennen gelernt in Berlin bei Freunden. Weil sein Job in der Filmbranche in Frankreich gerade nicht so gut läuft, hat er sich entschlossen, hier zu leben.

Es wird nicht leicht werden, vor allem, wenn er jetzt schon jammert, dass hier der Käse nicht schmeckt, vom dazu gehörenden Rotwein ganz zu schweigen. Ja, junger Freund, das ist alles eine Frage des Geldes; in der Delikatessenabteilung im Kaufhaus Karstadt, bekommst du guten französischen Käse und erlesene Weine, aber teuer.

Die jungen Araber haben diese Probleme nicht, abgesehen davon, dass ihnen ihr Glaube den Alkohol untersagt, sind sie mit dem Angebot der Billigmärkte zufrieden. Schmackhaft wird ihr Essen durch die Gewürze, die sie hier finden und deren Gebrauch sie verstehen.

Heute geht es um das Erkennen von Materialien wie Holz, Erde, Metalle. Was sind Metalle? Wir sehen uns um und suchen sie überall. Edelstahl, den finden wir nicht.

Da sagt FAHIM RASULI, der Stuckateur: »Ihre Kette ist aus Edelstahl.« Tatsächlich, sie ist es und nicht aus Gips.

Sonnabend, 19. August
Zwei Jahre bin ich nun schon in diesem Ehrenamt tätig. Das Bild an den »Tischen« hat sich verändert; es tauchen Frauen auf, keusch verhüllt und verhalten im Auftreten wegen fehlender Sprachkenntnisse. Die größeren Kinder sind in der Schule, kleine, schon hier geborene Kinder sind mit dem Erreichen des dritten Lebensjahres inzwischen auch schon im Kindergarten. Kinderlose Ehepaare gibt es nicht.

Auch unsere Arbeit wird sich ändern, aufhören wird sie nicht.

Und so möchte ich am Schluss meiner Erzählung ein paar unserer Freunde, die sie inzwischen ja geworden sind, mit den wenigen Worten sprechen lassen, die sie auf Zettel geschrieben haben und die ihren Eindruck im Innenraum einer christlichen Kirche wiedergeben sollen.

Die Frage an sie lautete: Was denkst du über diesen Raum? Dein erster Gedanke!

... Diese Situation erinnert mich an mein Heimatland – unsere alte Moschee ... Ich bedanke mich für diese Aufmerksamkeit

... großes schönes Gewölbe

... gruselig Ort mit Gräber   Huda Almhemed

... ich finde das haus ist schön

... das ist schön und groß   Nauros

... viel schöner als gedacht

... wunderbar   Rafida

... Ruhig   Asefi Vahid

... Sehr sehr schön vielen Dank   Rifai Khaled

... warm, hell und ruhig

... mitten im Stadtzentrum weit weg

... dunkel, still

... Heilig

... Entspannung Besinnlichkeit

... sehe meine kleine Brüder und meine Eltern und meine Liebe

... Erfahrung – ich möchte mehr erfahren

... Es ist sehr schön. Ich bin sehr zufrieden. Danke schön von meinem Herz ...

Nachweis der Zitate

1 Thomas Mann, in einem Vortrag über »Joseph und seine Brüder«, Radiosendung 1940 zu »Die Geschichten Jaakobs«

2 Giuseppe Tomasi di Lampedusa, in: Die Stätten meiner frühen Kindheit. Erzählungen, Zürich 1998, S. 113

3 Matthäus 5/7, in: Die Bibel. NT. Nach Martin Luther, Stuttgart 1999, S. 6

4 Matthäus 25/40, in: Die Bibel. NT. Nach Martin Luther, Stuttgart 1999, S. 36

5 Heinrich Schütz, Musikalische Exeqien, Opus 7, Soli, SWV 279-281

6 Martin Walser, Statt etwas oder Der letzte Rank, Hamburg 2017, Kapitel 50, S. 167

7 Rainer Maria Rilke, Schlussstück, Gedichte 1900/01, in: Gedichte, Leipzig 1975, S. 50

8 Martti Koskenniemi, Eine absurde Vorstellung, in: Die Zeit, Nr. 48, 26.11.2015, Feuilleton, S. 50

9 Richard David Precht, Echte Träume, echte Not, in: Die Zeit, Nr. 1, 30.12.2015, Feuilleton, S. 40

10 F.M. Dostojewski, Die Brüder Karamasow, 1. Teil, Berlin 1927

11 Jörg Baberowski, Diese radikalen Studenten, in: Die Zeit, Nr. 16, 12.4.2017, Feuilleton, S. 37

12 Richard David Precht, Echte Träume, echte Not, in: Die Zeit, Nr. 1, 30.12.2015, Feuilleton, S. 40

13 Ali Baba und die vierzig Räuber, Märchen aus »1001 Nacht«, 270. Geschichte

14 1. Buch Mose, 31/17, in: Die Bibel. AT. Nach Martin Luther, Stuttgart 1999, S. 34

15 Richard David Precht, Echte Träume, echte Not, in: Die Zeit, Nr. 1, 30.12.2015, Feuilleton, S. 40

16 Gotthold Ephraim Lessing, Nathan der Weise, 3. Aufzug, Siebenter Auftritt, in: Klassiker Edition, Eine Auslese, Wien 2003, S. 89

17 Gerhard Schweizer, Syrien verstehen. Geschichte. Gesellschaft und Religion, Stuttgart 2015

18 Muslim und Christ im Dialog, S. 146, www.warumislam.de, 2012

19 Sherif Abdel Azim, die Frau im Islam, Sura An-Nahl (16), Vers 97, S. 18

20 Navid Kermani, Ungläubiges Staunen. Über das Christentum, München 2016

21 Matthäus 4/4, in: Die Bibel, NT. Nach Martin Luther, Stuttgart 1999, S. 5

22 Klaus Mann, Symphonie Pathétique, Berlin und Weimar 1989

23 Friedrich Hölderlin, An Ebel, 2. September 1795, in: Gebot und Erfüllung. Aussprüche und Gedanken. Weisheiten, München 1937

24 Jenny Erpenbeck, Gehen. Ging. Gegangen, Frankfurt/Main 2015

25 Friedrich Hölderlin, Empedokles, 2. September 1795, in: Gebot und Erfüllung. Aussprüche und Gedanken.Weisheiten, München 1937

26 Pater Paolo, zitiert von Navid Kermani, Ungläubiges Staunen. Über das Christentum, München 2016, S. 178

27 Navid Kermani, Opfer, Ungläubiges Staunen. Über das Christentum, München 2016, S. 199/202

28 Sherif Abdel Azim, Die Frau im Islam, Sura 18, Vers 97, ohne Jahr und Ort

29 Sherif Abdel Azim, Die Frau im Islam, Einleitung S. 9, ohne Jahr und Ort

30 Stefan Brandner, Spitzenkandidat der AFD in Thüringen, aus einer Rede, in Auszügen wiedergegeben im MDR Kultur

31 Jenny Erpenbeck, Gehen. Ging. Gegangen, Frankfurt/Main 2015, S. 52

32 Albert Einstein, Mein Weltbild, 1934, Neuauflage Europaverlag 1953

33 Jesaja 43/1, Prophetenbücher, in: Die Bibel, AT, Nach Martin Luther, S. 704

34 Gerd Spitzer, Jacobs Heimkehr nach dem Gelobten Land, Zur Kunst seit 1560, Ausstellungskatalog, Kat.-Nr. 278, Dresden 2010

35 Martin Walser, Statt etwas oder Der letzte Rank, Hamburg 2017, Kap. 52, S. 170

36 Astrid Lindgren, Rede zur Verleihung des Friedenspreises des Deutschen Buchhandels 1978

37 Hassahi Hassan, ein Flüchtling aus Afghanistan

Angekommen – und wie es weiter ging
2015–2017

Aufnahmelager Hamburger Straße
Foto: DRK Landesverband Sachsen e.V.
(Dresdner Wochenkurier
vom 26. August 2015)

Einladungskarte vom
Umweltzentrum Dresden
zu den ABC-Tischen

»Meet a friend«
im Lichthof des Albertinums, 2015

Begegnungsfest auf dem
Äußeren Matthäus-Friedhof, 2016

»Wir sind zufrieden.«
Oben: Yakoop, v.l.n.r.:
Gholam, Najibullah, Stefan,
2016

»Organisierte Schreihälse«
Foto: Ronald Bonß
(Sächsische Zeitung
vom 27. April 2017)

Drei Omnibusse für Aleppo, Installation am Dresdner Neumarkt, Februar 2017

Dresdner würdigen das Mahnmal, Februar 2017

Yakoop ist angekommen, 2015

Sommerfest auf dem Äußeren Matthäus-friedhof, 2017

Mit Gabriele in der Galerie Neue Meister. Foto: Volkmar Hirsch

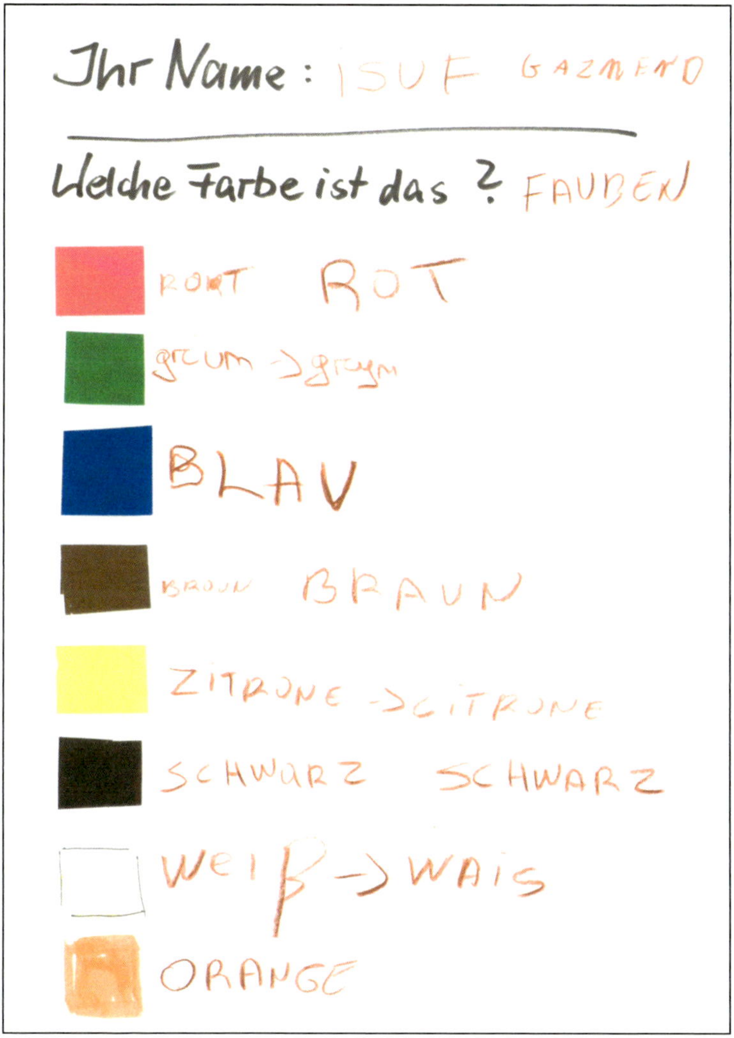

Das Thema der ersten Unterrichtsstunde am 26. August 2015

Wir haben gemeinsam
die Frauenkirche besucht,
am 28. Juli 2017.
Foto: Peter Bleth

RedBridge

Wir danken
der Ostsächsischen Sparkasse Dresden,
dem Umweltzentrum Dresden,
Herrn Frank Richter, Stiftung Frauenkirche Dresden,
den Staatlichen Kunstsammlungen Dresden
sowie dem Stadtmuseum Dresden
für die freundliche Unterstützung.

1. Auflage

Gestaltung und Herstellung
Typostudio SchumacherGebler Dresden
www.schumachergebler.de

ISBN 978-3-941209-43-5